ÍNDICE

INTRODUCCIÓN

Una de las actividades más enriquecedoras que cualquier persona puede realizar es el aprendizaje de un nuevo idioma. No importa la edad que tengamos, nos permite no sólo cultivar nuestro conocimiento y cultura personal, sino que también es un excelente ejercicio para nuestro cerebro y nos lleva a expandir nuestros horizontes de posibilidades académicas, culturales y recreativas. El **inglés** es la lengua más hablada del planeta y esto la convierte en una lengua imprescindible de aprender. Es el idioma principal de los negocios a nivel mundial y es el más útil cuando se viaja ya que en prácticamente todos los países del mundo se habla.

Los libros de ***Cuentos en Inglés*** animan al lector a sumergirse en el idioma inglés de una manera entretenida, alegre y cómoda. Han sido cuidadosamente diseñados para aquellos que quieren empezar a aprender inglés. Los libros se presentan a través de historias cortas que son coloridas, imaginativas y llenas de personajes fáciles de entender.

2

Las historias están escritas de una manera simple pero emocionante, y llenas de eventos relacionados, haciendo más fácil el aprendizaje de las nuevas palabras de este idioma.

Estos libros se destacan como una herramienta que estará disponible para cualquiera. Esta publicación será útil para personas de cualquier grupo de edad, género o nacionalidad. El público más joven, como los niños y adolescentes, se entretendrá a fondo con las historias, al igual que los adultos de cualquier edad serán cautivados por los personajes y las tramas. Cualquiera que esté interesado en aprender inglés puede encontrar algo valioso en estas páginas. El libro tiene un propósito educativo y académico que no disminuye las cualidades de entretenimiento de las historias. Cada historia, además de ser una herramienta para aprender inglés, es también una fuente genuina de entretenimiento.

Esta publicación, *Cuentos en Inglés para Principiantes*, puede ser utilizada por aquellos que recién comienzan a aprender el idioma inglés, por aquellos que ya tienen algún conocimiento previo, o por cualquiera que busque practicar de una manera efectiva y agradable. Además, esta compilación de cuentos es una excelente herramienta para los profesores de idiomas que deseen animar a sus alumnos con material fresco y motivador, ya que todos estos cuentos están elaborados de manera que culminen con una lección moral o un agradable giro al cuento.

Las **10 historias** compiladas en este libro son historias cortas escritas de una manera simple, atractiva y didáctica. Contienen todo tipo de personajes: seres alegres y maravillosos que serán fáciles de recordar y entender. El lector disfrutará ciertamente entrando en estos universos donde la fantasía y la realidad se encuentran en una atmósfera agradable para la lectura y el aprendizaje. Los autores de los libros de *Cuentos en Inglés para Principiantes* han buscado que cada cuento estimule el aprendizaje a través de textos significativos y satisfactorios que no se sientan como una tarea, y que vengan con el gratificante bono de aprender un idioma.

Cada historia de este libro incluye mensajes positivos, algo alentador, emocionante o inspirador. Cada personaje podría revelar algo que podría obligar al lector a retroceder en el tiempo a un recuerdo, un sueño, un ser querido, o una experiencia apreciada. Los autores de *Cuentos en Inglés para Principiantes* han estructurado los libros en colecciones de 10 cuentos cortos que incluyen diversos y diferentes personajes. Esto permite que la imaginación del lector vuele, facilitando y fomentando la lectura y la comprensión del inglés. Cada texto ha sido elaborado con una estructura cuidadosamente planeada para los principiantes. Esto implicó una cuidadosa selección del idioma utilizado, las estructuras de las oraciones, y cada palabra de principio a fin, asegurando que las historias sean fáciles de digerir y analizar. Además, al lector le resultará fácil perderse en los mundos coloridos, junto con los personajes y sus experiencias, y los giros de la vida que encontrarán en este libro.

Al principio de cada historia corta, hay un **resumen escrito en español e inglés**. Esto ayuda al lector a iniciarse en la historia, prepararse y tener una idea del universo en el que están a punto de entrar. El resumen es especialmente útil para acceder rápidamente a las historias favoritas de cada lector, los temas preferidos o los temas más necesarios para estudiar, ya que hay un poco de cada trozo de vida que se encuentra en este libro. Junto con el texto y su resumen, cada historia incluye una **lista de 25 palabras de vocabulario**. Esta es una forma didáctica de fortalecer el proceso de aprendizaje y proporcionar al lector la mayor ayuda posible, manteniéndolo útil y emocionante en cada paso del camino. **Cada historia está escrita en español e inglés**, para que todos los lectores puedan comprobar las palabras o frases que no entienden sin necesidad de salir del libro.

Finalmente, es hora de sumergirse en el primer libro; en sus 10 historias diferentes y únicas. Son aventuras que no encontrarás en ningún otro lugar y el premio del conocimiento de un nuevo idioma es un tesoro que nadie te puede quitar. Aprender un nuevo idioma nunca ha sido tan divertido y tan eficiente como con estas historias. De la mano de astronautas, príncipes, animales fantásticos y gente común como nosotros, un idioma entero cobra vida en tus manos con este libro. Es sólo cuestión de empezar.

TEN YEARS LATER - DIEZ AÑOS DESPUÉS

Summary:

It is magical to narrate the reunion of students that were friends, and not such good friends, in their times of studying. Ten years later, without realising, they still held memories and moments that led them to recognise each other. Everyone with their different abilities or categories. Such as the case of Allison that became like the main point of the occasion. Subconsciously, just like some of her other classmates such as Mariana, she had no intention to attend the graduation anniversary. But they happened to meet, unintentionally at Copos, the coffee shop near the school, where Allison was recognised by the others. It turns out she wasn't as different from back then as she thought, but on arriving she was recognised as 'Little Allison'; that's what they used to call her, from the man that worked at the coffee shop to the rest of her classmates. They were arriving, also avoiding going to the party, turning that day into an enjoyable exchange of memories, coffee, cakes, and the best laughter on sharing pending exams from ten years ago.

Resumen:

Es mágico relatar el reencuentro de estudiantes, que fueron amigos y no tan amigos en su época de estudios. Diez años después, sin darse cuenta, todavía conservaban recuerdos y momentos que los llevan a reconocerse unos a otros. Todo con sus diferentes habilidades o categorías. Como el caso de Allison que pasó a ser como el eje principal de la ocasión. Inconscientemente, igual que otros de sus compañeros como Mariana, no tenían el propósito de asistir al aniversario de graduación. Pero coincidieron sin proponérselo en Copos, el café cercano a la escuela, donde Allison fue reconocida por los demás. Resulta que no era tan diferente en su época como lo pensaba, sino que al llegar fue reconocida como 'La Pequeña Allison', así la llamaban, tanto por el señor que atendía el cafetín hasta los demás compañeros. Ellos fueron llegando también evitando presentarse a la fiesta, convirtiéndose esa tarde en un ameno compartir de recuerdos, café, tortas y la mejor risa al compartir exámenes pendientes de diez años atrás.

Vocabulary:

1. Group - Grupo
2. Student - Estudiante
3. Classics - Clásicos
4. Athlete - Deportista
5. Popular - Popular
6. Artists - Artistas
7. Categories - Categorías
8. School - Colegio
9. Talent - Talento
10. Passion - Pasión
11. Invitation - Invitación
12. Party - Fiesta
13. Anniversary - Aniversario
14. Nice - Simpático
15. Coffee - Café
16. Little - Pequeña
17. Famous - Famosa
18. Gallery - Galería
19. Reunion - Reunión
20. Old - Viejos
21. Classmates - Compañeros
22. Childhood - Infancia
23. Young - Joven
24. Grandson - Nieto
25. Exams - Exámenes

English:

It had already been ten years since a very special **group** of **students** graduated in 2010. At first sight, they looked like normal **students**, but, for that same reason, they believed they were unique in the world. Among them were the **classic groups** of **athletes**, nerds, **populars**, **artists**, and those who didn't fit into any of these **categories**. However, as the years passed, the **categories** became blurred, the friendships vanished and, ten years later, it was like some of them had never met. Or did they?

For example, and what a great example she was, there was Allison. She had arrived at **school** as a very studious kid, but without meaning to, she had **talent** for sports. Her true **passion** was art, and a **little** bit of success made her **popular**. So that, friend of everyone, she ended up not being such good friends with anyone. Ten years later, when she received the **invitation** to the big **party** to celebrate the **anniversary** of the graduation, she decided not to go. Instead of going to the **party** that afternoon, she decided that in the morning she would pass by "Copos," the **nice coffee** shop that was near the **school**, and that she used to visit almost every day while she studied there, just like almost everyone did back then.

Allison wasn't expecting to be recognised upon entering the place. "*Little Allison!*" exclaimed the owner of the place, now somewhat elderly, who used to call her that when she was a girl to differentiate her from other **students** with the same name. *"I'm so happy to see you again! What did you do with your life?"*

Before Allison could answer, somebody else entered the place and said with a deep voice, *"Don't you know?* **Little** *Allison is now a* **famous** *artist. Her creations are in all the best* **galleries** *in the country."* It was Roberto, the **nice** guy who, when Allison met him, was the captain of the football team, and he had helped her a lot with sports. However, his love for food had put him out of shape, but now he looked even **nicer**. *"A little bird told me,"* Roberto winked.

"Don't call me that!" exclaimed another voice, laughing. And then Mariana entered the place. When they were kids, the fortune of her parents guaranteed her a place among the **popular** girls, but Mariana was a peculiar person; a bit eccentric, and never ended up fitting in with the others.

Allison laughed along with them and ordered a **coffee**. *"And here I was thinking that I was the only one with the idea of missing the reunion to come here,"* she said. As if her words were magical, more and more of her **old classmates** started to arrive at the place. There were all the ones who never fitted in, the ones lost among the **groups**, the ones forgotten by their friends, all those who had changed.

The hours passed by while the **old classmates** greeted each other, hugged, and told each other everything that had happened with their lives. Among them was an **athlete** that found success, and then lost everything, except for his smile. There was a romantic that was working on her third divorce but already had a date planned. There were also the brothers, the ones that used to be inseparable when they were kids, but met there out of chance, after years without seeing each other.

Everyone laughed and relieved their **childhood** memories. They talked about their **old** teachers, and wondered what had happened to them. They talked about **old** friends, and **old** enemies, and the loves and fights of their **childhood** that now felt so innocent. They drank many cups of **coffee** and ate many slices of cake. Finally, somebody else entered the place, but they weren't sure they knew who he was.

"You look very, very familiar," said Allison, *"I recognise your face, for some reason. But you look too **young** to have studied with us. Am I wrong?"* The boy sighed and smiled at them in a way that was a **little** forced. *"I am the **grandson** of teacher Carlos. He asked me to give you this,"* The boy, who looked a lot like his grandfather, passed the **group** a folder with many pages that looked **old** but well kept. Then added, *"Apparently he owed you these **exams** from ten years ago."* All the **old** friends laughed with each other, and just like in the **old** times, they shared their **exams**.

Spanish:

Habían pasado ya diez años desde que un **grupo** muy especial de **estudiantes** se graduó en 2010. A simple vista, parecían **estudiantes** normales, pero, por esa misma razón, ellos se creían únicos en el mundo. Entre ellos estaban los **clásicos grupos** de **deportistas**, estudiosos, **populares**, **artistas**, y los que no entraban en ninguna de esas **categorías**. Sin embargo, con el paso de los años, las **categorías** se tornan borrosas, las amistades se desvanecen y, diez años después, era como si muchos de ellos nunca se conocieron. ¿O sí?

Por ejemplo, y muy buen ejemplo que era, estaba Allison. Ella había llegado al **colegio** como una niña muy estudiosa, pero aún sin querer tenía **talento** para el deporte. Su verdadera **pasión** era el arte, y un poco de éxito la volvió **popular**. De forma que, amiga de todos, terminó por no ser tan amiga de ninguno. Diez años después, cuando le llegó la **invitación** a la gran **fiesta** para celebrar el **aniversario** de la graduación, decidió no ir. En lugar de ir a la **fiesta** esa tarde, decidió que en la mañana se pasaría por "Copos," el **simpático café** que se encontraba cerca de la escuela y el cual visitó casi cada día mientras estudiaba allí, como hacían casi todos en ese entonces.

Allison no se esperaba ser reconocida al entrar al lugar.

"Pequeña Allison!" exclamó el dueño del lugar, ahora algo anciano, quien la llamaba así cuando era una niña para diferenciarla de otras **estudiantes** del mismo nombre. *"¡Cuánto me alegra volver a verte! ¿Qué hiciste con tu vida?"*

Antes de que Allison pudiera responder, alguien más entró al lugar y dijo en una voz grave, *"¿No sabes? La **pequeña** Allison ahora es una artista **famosa**. Sus creaciones están en todas las mejores galerías del país."* Era Roberto, el **simpático** chico que cuando Allison lo conoció era capitán del equipo de fútbol y que tanto la había ayudado en los deportes. Sin embargo, su afición por la comida lo había puesto fuera de forma, pero ahora se veía incluso más **simpático**. *"Todo me lo contó un pajarito,"* Roberto le guiñó el ojo.

"No me llames así!" exclamó otra voz, riendo. Y entonces entró al lugar Mariana. Cuando eran niños, la fortuna de sus padres le aseguró un lugar entre las chicas **populares**, pero Mariana era una persona peculiar, algo excéntrica, y nunca terminó por encajar entre los demás.

Allison se rio con ellos, y pidió un **café**. *"Y yo que había pensado que era la única con la idea de perderme la **reunión** para venir*

15

aquí" dijo. Como si sus palabras fueran mágicas, más y más de sus **viejos compañeros** empezaron a llegar al lugar. Allí se encontraban todos los que nunca encajaron, los que se perdían entre los **grupos**, los que sus amigos habían olvidado, todos los que habían cambiado.

Las horas pasaron mientras los **viejos compañeros** de clases se saludaban, se abrazaban y se contaban todo lo que había pasado con sus vidas. Entre ellos había un **deportista** que consiguió éxito y luego lo perdió todo, menos su sonrisa. Había una romántica que estaba trabajando en su tercer divorcio, pero ya tenía una cita planeada. Estaban también los hermanos, que solían ser inseparables cuando niños, pero se encontraron allí por pura casualidad, después de años sin verse.

Todos juntos rieron y revivieron sus recuerdos de la **infancia**. Hablaron de sus **viejos** profesores, y se preguntaron qué pasaría con ellos. Hablaron de **viejos** amigos, y **viejos** enemigos, los amores y peleas de la **infancia** que ahora se sentían tan inocentes. Tomaron muchas tazas de **café** y comieron muchos pedazos de tortas. Finalmente, alguien más entró al lugar, pero no estaban seguros de saber quién era.

"Me pareces muy, muy familiar," dijo Allison, *"Reconozco tu cara, por alguna razón. Pero me pareces que eres demasiado **joven** para haber estudiado con nosotros. ¿Me equivoco?"* El niño suspiró y les sonrió de forma un poco obligada. *"Soy el **nieto** del profesor Carlos. Me pidió que les entregara esto,"* El niño, que se parecía muchísimo a su abuelo, le pasó al **grupo** una carpeta con bastantes hojas que se veían viejas pero bien guardadas. Luego añadió, *"Al parecer les debía esos **exámenes** desde hace diez años."* Todos los **viejos** amigos rieron entre ellos, y como en los **viejos** tiempos compararon sus **exámenes**.

Haunted Hotel - Hotel Embrujado

Summary:

It's curious to see how stories about haunted hotels are so common, and even more so when people are predisposed to the place and the stories. As in the case of three people, Eva, Alberto, and Pedro; security guards who were starting a new job, each for their own need, one no less important than the others. They had the intention of keeping the job, and it was precisely how, on that first night, the moonlight and the darkness of the night in the middle of the garden became a frightening moment, even more so accompanied by the stare of a black cat, which for many represents a bad omen. At the beginning of the night, after the scares and screams of the three workers, it all turned into laughter. The three employees found themselves embarrassed in front of their boss.

Resumen:

Es curioso ver cómo las historias de hoteles embrujados son tan comunes y más cuando las personas se predisponen al sitio y a los cuentos. Como el caso de estas tres personas Eva, Alberto y Pedro; vigilantes que comenzaban un nuevo trabajo y todos por la necesidad de cada uno, no menos importante una de la otra. Tenían el propósito de mantener el trabajo, y fue como justamente esa primera noche, la luz de la luna, y la oscuridad de la noche en la mitad del jardín se convirtió en un momento escalofriante y aún más acompañados por la mirada de un gato negro, que representa para muchos un mal presagio. Al iniciar la noche, luego de sustos y gritos de los tres trabajadores esta se convirtió en risas. Pues los tres empleados se encontraron avergonzándose en frente de su jefe.

Vocabulary:

1. Security guard - Vigilante
2. Special - Especial
3. Hotel - Hotel
4. Co-workers - Compañeros
5. Manager - Gerente
6. Brother - Hermano
7. Night - Nocturno
8. Job - Trabajo
9. Brave - Valiente
10. Uniform - Uniforme
11. Identical - Idéntico
12. Torch - Linterna
13. Unusual - Inusual
14. Moon - Luna
15. Shadows - Sombras
16. Mysterious - Misteriosa
17. Unexpected - Inesperado
18. Curiosity - Curiosidad
19. Sensitive - Sensible
20. Grumpy - Malhumorado
21. Bushes - Arbustos
22. Boss - Jefe
23. Owner - Dueño
24. Scold - Regañar
25. Cowardice - Cobardía

English:

The night that Eva, Alberto, and Pedro started working as **security guards** at the El Jardín **Hotel** was a **special** night. For starters, it wasn't normal that three new **security guards** started working at the same time. *"Do you know why they fired the security guards before us?"* Eva asked her new **co-workers**.

"I don't know the reason, but I know that actually, the three of them quit," answered Pedro. *"That doesn't make me feel better,"* replied Alberto, *"The manager literally told us to walk around the hotel and to be aware of anything out of the ordinary. Doesn't that scare you a little?"*

"No," Eva replied immediately. She was a young student in need of a **job**. She had four older **brothers**, and felt she had to prove that she was as strong as them, so she didn't hesitate in accepting the **job** of **night security guard** at the oldest **hotel** in the entire city.

"Me neither," Alberto added quickly. He was a recently married man that, although very happy with his marriage, he wasn't all that happy with the bills that arrived at his new house. That's why he had to

accept this **job** that didn't please him very much. *"What do you think, Mr. Pedro?"* asked Alberto.

Pedro, frankly, looked too old to be working as a **night security guard**. He was a tall man, thin and actually very wrinkled. But up until that moment, he had appeared very **brave**. The three of them had **identical uniforms**, radios, **torches**, and the task of walking around the **hotel** in case something **unusual** happened. However, just at that moment, they had arrived at the central garden of the **hotel**. The light of the **moon** illuminated everything slightly, but there were more **mysterious shadows** that moved around. And that's without mentioning the **unexpected** black cat that observed them with **curiosity**.

"What do I think?" said Pedro, *"I think that… that it's a really cold night."* Technically it was true. The night was cold and the **mysterious hotel** was even colder. *"I am a rather sensitive old man - I think I need to go and look for my jacket."*

For a moment, Eva and Alberto were about to laugh at the obvious excuse of the old man to avoid investigating that dark garden with the **grumpy** black cat. But just at that moment, something moved in the **bushes**. The three **security guards** all gave a little jump. Neither of them could accuse the others of being scared on their first day at work, because the three of them reacted in exactly the same way.

"Well... we can't leave him alone," said Alberto. His voice trembled a little, since he was sure of having seen something move in the garden that each moment became scarier. *"It's our duty to accompany him. Do you agree, Eva?"* he asked.

Eva had been about to refuse and insist that they should explore the garden. However, when she turned around to the garden, she realised that the black cat that had been observing them had disappeared. *"Yes! Totally! We will accompany you, Mr. Pedro,"* the young woman finally replied.

However, the way back to the lobby of the **hotel** wasn't so simple. For any person that had been watching them, it would have seemed very, very funny. However, the three **security guards** were each time more terrified. They didn't split up for any reason, they aimed their **torches** in every direction, and any noise scared them.

"Good night," said somebody **unexpectedly**. The voice caused the three **guards** to scream in fear. The three of them hugged each other, and when they finally turned around, they found out that it was the **boss**;

the **owner** of the **hotel**. The man had been about to **scold** them for their **cowardice**, but the truth is that their reaction was so funny to him that he started laughing. In the end, the other three didn't have any other option but to laugh too; to laugh at themselves for being so nervous, and hope that they could keep their **jobs**.

Spanish:

La noche que Eva, Alberto, y Pedro empezaron a trabajar como **vigilantes** del **Hotel** El Jardín, fue una noche **especial**. Para empezar, no era normal que empezaran a trabajar tres **vigilantes** nuevos al mismo tiempo. *"¿Ustedes saben por qué despidieron a los **vigilantes** anteriores a nosotros?"* Eva les preguntó a sus nuevos **compañeros** de **trabajo**.

"No sé el motivo, pero sé que en realidad los tres renunciaron," respondió el señor Pedro. *"Eso no me hace sentir mejor,"* replicó Alberto, *"Literalmente el **gerente** nos dijo que recorriéramos el **hotel** y estuviéramos atentos a algo fuera de lo normal. ¿No les asusta un poco?"*

"No," Eva inmediatamente respondió. Ella era una joven estudiante en necesidad de un **trabajo**. Tenía cuatro **hermanos** mayores, y sentía que debía probar que era tan fuerte como ellos, así que no dudo en aceptar el **trabajo** de **vigilante nocturno** en el **hotel** más viejo de toda la ciudad.

"Yo tampoco," añadió rápidamente Alberto. Él era un hombre recién casado que, aunque muy contento con su matrimonio, no estaba tan contento con las facturas que llegaban a su nueva casa. Por lo tanto,

25

tuvo que aceptar este **trabajo** que no le agradaba tanto. *"¿Usted qué opina, señor Pedro?"* preguntó Alberto.

El señor Pedro, sinceramente, se veía muy mayor para estar trabajando como **vigilante nocturno**. Era un señor alto, delgado, y bastante arrugado en realidad. Pero hasta ese momento se había mostrado muy **valiente**. Los tres tenían **uniformes idénticos**, radios, **linternas**, y la tarea de pasear por el **hotel** en caso de que algo **inusual** sucediera. Sin embargo, justo en ese momento habían llegado al jardín central del **hotel**. La luz de la **luna** lo iluminaba ligeramente, pero eran más las **sombras misteriosas** que se movían alrededor. Y eso sin mencionar al **inesperado** gato negro que los observaba con **curiosidad**.

"¿Qué opino yo?" dijo el señor Pedro, *"Opino que… que es una noche muy fría."* Técnicamente era cierto. La noche era fría, y ese **misterioso hotel** aún más frío. *"Soy un viejo algo **sensible**, creo que necesito ir a buscar mi chaqueta."*

Por un momento, Eva y Alberto se iban a reír de la obvia excuse del señor para evitar investigar ese oscuro jardín con el **malhumorado** gato negro. Pero justo en ese momento, algo se movió entre los **arbustos**. Los tres **vigilantes** dieron un pequeño salto. Ninguno podía acusar a los otros de estar asustado en su primer día de **trabajo**, ya que los tres reaccionaron exactamente igual.

"Bueno... no lo podemos dejar solo," dijo Alberto. La voz le temblaba un poco, ya que estaba seguro de haber visto algo moverse en el jardín que cada vez se volvía más aterrador. *"Es nuestro deber acompañarlo. ¿Estás de acuerdo, Eva?"* preguntó.

Eva había estado a punto de negarse, y de insistir que deberían explorar el jardín. Sin embargo, cuando se volteó a ver el jardín, se dio cuenta de que el gato negro que había estado observándolos había desaparecido. *"¡Si! ¡Totalmente! Nosotros lo acompañaremos, señor Pedro,"* respondió finalmente la joven.

Sin embargo, el camino de regreso al lobby del **hotel** no fue tan sencillo. Para cualquier persona que los observara hubiera parecido muy, muy divertido. Sin embargo, los tres **vigilantes** estaban cada vez más aterrados. No se separaban por ningún motivo, apuntaban sus **linternas** en todas direcciones, y cualquier ruido los espantaba.

"Buenas noches," dijo alguien más inesperadamente. La voz causó que los tres **vigilantes** gritaran de miedo. Se abrazaron los tres y cuando por fin voltearon, se encontraron con que era el **jefe**, el **dueño**

27

del **hotel**. El hombre estuvo a punto de **regañarlos** por su **cobardía**, pero la verdad es que la reacción de los tres le pareció tan divertida que empezó a reírse. Al final los otros tres no tuvieron más remedio que reír también, reírse de sí mismos por haber estado tan nerviosos, y esperar que pudieran conservar sus **trabajos**.

SHOPPING - DE COMPRAS

Summary:

How can you tell in a few words the most exciting experience of a family? This is the case of The Garcia family, who, on a random, routine day at the supermarket, a lucky strike made the dream of their lives comes true. The family earned the opportunity to win a prize for being regular visitors of the place, and that day they were client number one million. The prize basically was that they could take away the unimaginable. The little boy wanted his beloved toys and sweets, the teenage daughter was embroiled in the decision between cosmetics or chocolates. And not to mention the father who just filled his trolley with the most sophisticated liquors. Of course, but there's the other part of the family that is conscious of what it is to know how to take advantage of an opportunity or luck. It was the mother who knew how to control the members of the family to have the intelligence to take what really represents the most important things for every family, like food, groceries, and vegetables. But, at the end of their time for choosing, she too could have the option to choose her personal gifts and therefore turn that day into what they all truly considered to be something incredible.

Resumen:

Cómo se puede contar en unas pocas palabras la experiencia más emocionante de una familia. Este es el caso de los García, en el que, en un día de rutina cualquiera en un supermercado, un golpe de suerte les hace cumplir el sueño de su vida. La familia obtiene la oportunidad de ganar un premio al ser visitantes asiduos del lugar y ese día fueron los visitantes número un millón. El premio básicamente era que podían llevarse lo inimaginable. El niño pequeño quería sus juguetes anhelados y dulces, la hija adolescente envuelta entre la decisión de cosméticos o chocolates. Y ni hablar del padre que solo llenó su carrito de los licores más sofisticados. Claro, pero está la otra parte de la familia que es la que entra en conciencia de lo que es saber aprovechar una oportunidad o la suerte. Fue la madre quien supo controlar a los miembros de la familia para poder tener la sensatez de llevar también lo que para cualquier familia representa lo principal, comida víveres y vegetales. Pero, al final del tiempo de elección también ella tuvo la opción de elegir sus regalos personales y así convertir ese día en lo que realmente consideraron algo increíble.

Vocabulary:

1. Supermarket - Supermercado
2. Prize - Premio
3. List - Lista
4. Buy - Comprar
5. Teenager - Adolescente
6. Workers - Trabajadores
7. Confetti - Confetti
8. Celebrate - Celebrar
9. Spend - Gastar
10. Shocked - Impactada
11. Store - Tienda
12. Members - Miembros
13. Place - Lugar
14. Decision - Decisiones
15. Surprise - Sorpresa
16. Situation - Situación
17. Obvious - Obvio
18. Vegetables - Verduras
19. Cheap - Económico
20. Sweet - Dulce
21. Stressed - Estresada
22. Gifts - Regalos
23. Luck - Suerte
24. Bottles - Botellas
25. Makeup - Maquillaje

English:

The Garcia family went to the biggest **supermarket** in the city, just like they used to do each month. The mother and the father had organised a very neat **list** of the things they had to **buy**. Their children, a **teenager** girl and a little boy accompanied them, and normally had a lot of fun. But this was a very, very special occasion. The moment that the family crossed the door of the **place**, a noisy alarm was heard. Balloons fell from the ceiling and the **workers** threw **confetti**. One of them approached the confused family.

*"Greetings! I am the manager of the **place** and you are client number one million this year!"* exclaimed the elegant woman with a bright smile, *"I congratulate you, and I thank you for visiting us. To **celebrate**, I announce that you have won a **prize** of hundreds of dollars that you can **spend** in our **store**! But I warn you, you only have one hour to **spend** it."* The Garcia family was totally **shocked**. For a few moments none of them reacted. They were processing the information. Until one of the **workers** of the **store** started to laugh but kindly told them, *"Well, now you only have 59 minutes."*

Immediately, the four **members** of the family went running in the direction of the purchases of their dreams. *"It's the best day of my life!"* shouted the little boy all over the **place**. *"Ah! Why am I so bad at making **decisions**?"* grumbled the oldest daughter. *"If I do things right at this moment, I could quit my job,"* thought the father of the family. However, after the initial **surprise**, the mother stopped to analyse the **situation**. *"One moment... we have to organise ourselves!"* she exclaimed, then looked around her and realised that she was alone. *"Where is my family?"* she asked herself, and immediately went looking for them.

First, she found her son. *"What are you doing?"* she asked him, even though it was a little **obvious**. The boy was in the toy section, his arms carrying so many colourful boxes that some started to fall, leaving a trail after him. *"Well, I am shopping!"* explained the boy very happily. *"You didn't think I would go **buy** fruits and **vegetables**, right mum?"* asked the boy, and they both laughed, imagining the little one very seriously choosing **vegetables**. *"No, no,"* smiled his mother. *"What do you have here then?"* The little boy very excitedly showed her all his games. At first, the mother was happy that many of them were quite **cheap**. A few of the games were ridiculously expensive, so she put

33

those away. Then, she counted and wrote down the favourites of the boy, and told him to go to the sweet section, where he could pick a few things.

Once there, they found the oldest daughter. She looked in equal measures both happy and **stressed**. *"Mum!"* exclaimed the young woman once she saw her family approach, *"Thank God you've arrived. I tried to be responsible, I picked a book and then some **makeup**. But then the chocolates started calling me and I couldn't resist!"* The problem of the young one was very funny to her mother. *"Well, that's the thing about this **prize**, you don't have to resist,"* said the mum. Afterwards, she made notes of the book and the **makeup** of her daughter, and of some of the **sweets** she chose. *"Ok, maybe you do have to resist a little bit,"* added the mum upon seeing that her daughter really had taken an exaggerated quantity of chocolates.

Finally, it was time to find the father of the family. His wife found him happily pushing a trolley full of **bottles** of extremely expensive alcoholic beverages. *"Seriously?"* she asked, entertained and a little confused. *"They aren't for me!"* he tried to defend himself, *"Well... maybe a few. But, think about it! We could **spend** all the money* on **bottles** *like these. They are something we can sell. We would earn a lot of money!"* She thought about it for a moment and smiled at her husband with a lot of patience. *"And then, what would we do with that money? Come here and* **spend** *it on other things?"* It took him a moment, but her husband understood. *"Oh... you're right. Then, what do we do?"* he asked. His wife let him keep a couple of **bottles**, made notes of them and showed her notes to her husband. *"This is all the money we have left. Run and help me* **buy** *real food. We only have fifteen minutes left!"*

Finally, the family arrived just in time to finish their shopping. Surprisingly, the mother was the last one to arrive. And she was carrying in her arms a couple of **gifts** for herself. *"What? Did you think I wasn't saving a percentage for me?"* she asked her family while they laughed, enjoying that day of really good **luck**.

Spanish:

La familia García fue al **supermercado** más grande de la ciudad tal como acostumbraban a hacer cada mes. La madre y el padre habían organizado una muy ordenada **lista** de las cosas que debían **comprar**. Sus hijos, una **adolescente** y un niño pequeño los acompañaban y normalmente se divertían mucho. Pero esta fue una ocasión muy, muy especial. En el momento en que la familia cruzó la puerta del **lugar**, se escuchó una ruidosa alarma. Globos cayeron del techo y los **trabajadores** lanzaron **confeti**. Uno de ellos se acercó a la confundida familia.

*"¡Saludos! ¡Soy la gerente del **lugar** y ustedes son los clientes número un millón de este año!"* Exclamó la elegante mujer con una brillante sonrisa, *"Los felicito, y les agradezco por visitarnos. ¡Para **celebrar**, anuncio que ustedes se han ganado un **premio** de cientos de dólares que pueden **gastar** en nuestra **tienda**! Pero, les advierto, tienen tan solo una hora para **gastarlo**."* La familia García estaba totalmente **impactada**. Por unos momentos ninguno de ellos reaccionó. Estaban procesando la información. Hasta que uno de los **trabajadores** de la

tienda empezó a reír pero amablemente les dijo, *"Bueno, ahora son solo 59 minutos."*

Inmediatamente los cuatro **miembros** de la familia salieron corriendo en dirección a las **compra**s de sus sueños. *"¡Es el mejor día de mi vida!"* gritaba el niño pequeño por todo el **lugar**. *"¡Ah! ¿Por qué soy tan mala tomando **decisiones**?"* se lamentaba la hija mayor. *"Si hago bien las cosas en este momento, podría renunciar a mi trabajo,"* pensaba el padre de la familia. Sin embargo, después de la **sorpresa** inicial, la mamá se detuvo a analizar la **situación**. *"Un momento... ¡tenemos que organizarnos!"* exclamó, luego, miró a su alrededor y se dio cuenta de que estaba sola. *"¿Dónde está mi familia?"* se preguntó, e inmediatamente se fue a buscarlos.

Primero, encontró a su hijo. *"¿Qué estás haciendo?"* le preguntó, aunque era un poco **obvio**. El niño estaba en la sección de juguetes, en sus brazos cargaba tantas cajas coloridas que algunas se empezaron a caer, dejando un rastro detrás de él. *"¡Pues, estoy de compras!"* explicó el niño muy feliz. *"No creías que yo iba a ir a **comprar** frutas y **verduras**, ¿verdad mamá?"* preguntó el niño, y ambos rieron al imaginarse al pequeño muy seriamente escogiendo **verduras**.

"No, no," sonrió su mamá, *"¿Qué tienes aquí entonces?"* El niño le mostró todos sus juegos muy emocionado. Al principio, la mamá se alegró de que muchos de ellos eran bastante **económicos**. Un par de juegos eran ridículamente costosos, así que ella los apartó. Luego, contó y anotó los favoritos del niño, y le dijo que pasara a la sección de **dulces**, donde podría escoger un par de cosas.

Una vez allí, se encontraron a la hija mayor. Ella se veía en igual medida feliz y **estresada**. *"¡Mamá!"* exclamó la joven una vez que vio a su familia acercarse, *"Gracias a Dios llegaste. Intenté ser responsable, escogí un libro y algo de **maquillaje**. ¡Pero luego los chocolates empezaron a llamarme y no me pude resistir!"* El predicamento de la joven le resultó muy divertido a su mamá. *"Bueno, de eso se trata este **premio**, no te tienes que resistir,"* dijo la mamá. A continuación, tomó nota del libro y el **maquillaje** de su hija, y de algunos de los **dulces** que escogió. *"Está bien, tal vez si te tengas que resistir un poco,"* añadió la mamá al ver que de verdad su hija había tomado una cantidad exagerada de chocolates.

Finalmente, era hora de encontrar al papá de la familia. Su esposa lo encontró felizmente manejando un carrito lleno de **botellas** de extremadamente costosas bebidas alcohólicas. *"¿Es en serio?"* le preguntó ella, entretenida y algo confundida. *"¡No son para mí!"* se intentó defender el, *"bueno... quizá algunas. Pero, ¡piénsalo! Podríamos **gastar** todo el dinero en **botellas** como estas. Son algo que luego podemos vender. ¡Ganaríamos mucho dinero!"* Ella lo pensó por un momento y le sonrió a su esposo con mucha paciencia, *"Y entonces, ¿qué haríamos con ese dinero? ¿Venir aquí a **gastar**lo en otras cosas?"* Le tomó un momento, pero su esposo comprendió. *"Oh... tienes razón. ¿Entonces qué hacemos?"* preguntó. Su esposa le dejó conservar un par de **botellas**, tomó notas de ello y le mostró sus cuentas a su esposo. *"Esto es todo el dinero que nos queda. Corre y ayúdame a **comprar** comida de verdad, ¡Sólo nos quedan quince minutos!"*

Finalmente, la familia llegó justo a tiempo para finalizar sus **compra**s. Sorprendentemente, la mamá fue la última en llegar. Y cargaba en sus brazos un par de **regalos** para ella misma. *"¿Qué? ¿Creyeron que no estaba guardando un porcentaje para mi?"* le preguntó a su familia mientras todos reían, disfrutando de ese día de muy buena **suerte**.

Honeymoon - Luna de Miel

Summary:

Anything can happen on a trip to an unknown city. That's what happened to spouses Maria and Victor, who had just married and were visiting Madrid. After being enchanted during their first day with so much beauty and dazzled by all the places, they decided to take a bus ride. They didn't know it would be very, very funny, and maybe, somewhat worrying. Perhaps due to being so distracted by the beauties of the city, unexpectedly, they end up separated when they don't get off the bus together. And that was just the beginning of their problems. The recently married couple would try again and again to find each other. But, in very funny ways they continued to make mistakes. When they finally reunite, Maria and Victor try to make a plan for emergencies, in case of being separated again. Well, one could say they still don't get to implement that plan.

Resumen:

Cualquier cosa puede pasar en un viaje a una ciudad desconocida. Así les sucedió a los esposos María y Víctor, que recién casados visitaban Madrid. Después de quedar encantados el primer día, con tanta belleza y deslumbrados por los lugares, decidieron hacer un recorrido en bus. No sabían que sería muy, muy, divertido, y quizás, algo preocupante. Tal vez por estar tan distraídos por las bellezas de la ciudad, inesperadamente, quedan separados al no bajar juntos del bus. Y ese fue tan solo el comienzo de sus problemas. La pareja de recién casados intentaría una y otra vez volverse a encontrar. Pero, de formas muy divertidas continúan equivocándose. Cuando por fin se reencuentran, María y Víctor intentan hacer un plan para emergencias, en caso de quedar separados de nuevo. Bueno, se podría decir que aún no logran implementar ese plan.

Vocabulary:

1. Couple - Pareja
2. Moon - Luna
3. Honey - Miel
4. City - Ciudad
5. Exhausted - Exhaustos
6. Museum - Museo
7. Accident - Accidente
8. Wife - Esposa
9. Bag - Bolso
10. Passenger - Pasajero
11. Confident - Confiado
12. Street - Calle
13. Driver - Conductor
14. Alarmed - Alarmado
15. Unknown - Desconocida
16. Stop - Parada
17. Destination - Destino
18. Direction - Dirección
19. Opposite - Opuesto
20. Contrary - Contraria
21. Grimace - Mueca
22. Window - Ventana
23. Seat - Asiento
24. Arrive - Llegar
25. Behind - Atrás

English:

Maria and Victor were a recently married **couple** who were enjoying their **honeymoon** in Madrid. It was a beautiful **city**, and the **couple** felt very happy. The two of them woke up early in the morning, left the hotel, and enjoyed all the wonders of the **city** until very late at night. Then, they arrived **exhausted**, and they had sweet dreams until the next day of adventures. The **couple** visited **museum**s, parks and stadiums. They got to know all the most beautiful and famous places in the Spanish **city**. However, it was a new **city** and a little **unknown** for them. For that reason, one of the days they faced a funny **accident**.

"Let's go," said Victor to his **wife**, *"We have to get off the bus here, then we can walk to the restaurant."* Still sitting on her **seat**, Maria smiled. *"It's fine,"* nodded his **wife**, *"Go ahead,"* she said, *"let me organise my **bag** and I'll follow you."*

Her husband, very **confident, listened** to Maria and got off the bus. Once on the **street**, Victor saw other **passengers** get off the bus, and then more and more **passengers.** Where was his **wife,** he asked himself. But then, when he saw Maria moving through one of the **window**s, he was also very **alarmed** at how the doors of the bus closed.

43

*"Wait! Wait! My **wife** is still inside there!"* Victor exclaimed, while he watched the bus move on. On the other side, still inside the bus, Maria tried to get the attention of the **driver**. *"Sir! Sir!" I have to get off here. Please!"* But it was useless: the bus was already on the move.

Victor felt very **alarmed**, but he knew he had to keep calm. He had stayed in one place and his **wife** was going to **arrive** at another. They were both in an **unknown city**, they didn't know how to move around, or where to meet each other, or how to go back to the hotel. The only thing Victor thought of was to go after his **wife**. So, he came back to the **stop** where the bus had left him and he waited. When the next bus arrived, Victor quickly got on it.

Once on the bus, Victor hoped that, when he **arrived** at the next **stop**, his **wife** would be waiting there. However, he couldn't avoid getting a little distracted looking out the **window** while they travelled to their **destination**. And what a good thing that he did, because just then he saw a very similar bus to his that was going in the **opposite direction**. And through one of the **windows** he saw... there was his **wife**! She had taken a bus back to go and find him!

44

This time, when Victor got off the bus, he decided to walk in the **direction** of the previous **stop**. And, just as he had expected, he managed to see his **wife** on another bus that was moving in the **contrary direction**, again! Victor made signs to her, waved his arms, jumped a little, and made **grimaces**, hoping she would understand. Then, he started walking in the **direction** the bus went. Finally, very excited, Victor saw Maria walking to him.

" *I'm so happy to see you!*" she said, hugging him, "*Don't get lost like that again.*" Her husband laughed with her, "*Me? How many buses did you take?*" She just smiled, "*That doesn't matter,*" said Maria, "*What matters is that we need a plan for the next time this happens.*" Victor was surprised by her words. "*Do you think this could happen to us again?*" he asked his **wife**. She smiled, very entertained, "*Well, yes, if you keep being so distracted.*" The **couple** of spouses started to laugh together, make a plan for emergencies, and walk in the **direction** of the metro station, which seemed safer.

"*So, if someone is left **behind**, they have to stay there?*" Victor asked while they were both travelling on the metro. "*No, no, I think it makes more sense if the one that is ahead gets off at the **destination** and*

45

waits there," Maria thought. Victor wasn't convinced, *"**Arrive** at the* *destination? Or just get off at the next station?"* He continued asking questions, taking the problem very seriously. However, as he realised that his **wife** wasn't answering, that was when he saw the doors of the metro closing in front of him. This time, he kept going while Maria watched him depart from the station where they should have got off together. She looked confused, but also a little amused. *"Oh no,"* Victor said to himself before starting to laugh.

Spanish:

María y Víctor eran una **pareja** de recién casados que estaban disfrutando de su **luna** de **miel** en Madrid. Era una **ciudad** hermosa, y la pareja se sentía muy feliz. Los dos se despertaban temprano en la mañana, salían del hotel, y disfrutaban de todas las maravillas de la **ciudad** hasta muy tarde en la noche. Entonces, llegaban **exhaustos**, y tenían dulces sueños hasta el siguiente día de aventuras. La **pareja** visitó **museo**s, parques, y estadios. Conocieron todos los más hermosos y famosos lugares de la **ciudad** española. Sin embargo, se trataba de una **ciudad** nueva y algo **desconocida** para ellos. Por esa razón, uno de los días se enfrentaron a un divertido **accidente**.

"Vamos," dijo Víctor a su **esposa**, *"Nos tenemos que bajar del bus aquí, luego podremos caminar hasta el restaurante."* Aún sentada en su **asiento**, María sonrió. *"Está bien,"* asintió su **esposa**, *"Adelántate,"* le dijo, *"Déjame organizar mi bolso y yo te sigo."*

Su esposo, muy **confiado,** le hizo caso a María y bajó del bus. Una vez en la **calle**, Víctor vio a otros **pasajeros** bajar del bus, luego otros y otros **pasajeros**. ¿Dónde estaba su **esposa**? se preguntó. Pero entonces, cuando vio a María moverse a través de una de las **ventanas**, también vio muy **alarmado** cómo se cerraban las puertas del bus.

"¡Espere! ¡Espere! ¡Mi esposa sigue ahí dentro!" Exclamaba Víctor, mientras veía el bus avanzar. Por otro lado, aún dentro del bus, María intentaba llamar la atención del **conductor**, *"¡Señor! ¡Señor! Yo me tengo que bajar aquí. ¡Por favor!"* Pero era inútil, el bus ya estaba en movimiento.

Víctor se sentía muy **alarmado**, pero sabía que debía mantener la calma. Él se había quedado en un lugar, y su **esposa** iba a **llegar** a otro. Ambos se encontraban en una **ciudad desconocida**, no sabían cómo moverse, o dónde encontrarse o cómo volver al hotel. Lo único que se le ocurrió a Víctor fue perseguir a su **esposa**. Así que volvió a la **parada** en la que el bus lo había dejado y esperó. Cuando llegó el siguiente bus, Víctor se subió rápidamente a él.

Una vez en el bus, Víctor esperaba que, al **llegar** a la siguiente **parada**, su **esposa** estaría esperándolo allí. Sin embargo, no pudo evitar distraerse un poco viendo por la **ventana** mientras llegaban al **destino**. Y qué bien que lo hizo, porque justo en ese momento vio a un bus muy parecido al suyo, que iba en la **dirección opuesta**. Y por una de las

ventanas vio... ¡Ahí iba su **esposa**! ¡Ella había tomado un bus de regreso para ir a encontrarlo!

Esta vez, cuando Víctor se bajó del bus, decidió caminar en **dirección** a la **parada** anterior. Y, tal como lo había esperado, logró ver a su **esposa** en otro bus que iba en la **dirección contraria**, ¡otra vez! Víctor le hizo señas, agitó los brazos, saltó un poco, e hizo **muecas**, esperando que ella entendiera. Luego, empezó a caminar en la **dirección** en que fue el bus. Finalmente, muy emocionado, Víctor vio a María caminar hacia él.

"¡Cuanto me alegro de verte!" dijo ella, abrazándolo, *"No te vuelvas a perder así."* Su esposo rió con ella, *"¿Yo? ¿Cuántos buses tomaste tú?"* Ella tan solo sonrió, *"Eso no importa,"* dijo María, *"Lo que importa es que tenemos que hacer un plan para la próxima vez que esto pase."* Víctor se sorprendió con sus palabras. *"¿Crees que esto nos pueda volver a pasar?"* le preguntó a su **esposa**. Ella sonrió, muy divertida, *"Pues, sí, si sigues siendo tan despistado."* La **pareja** de esposos empezó a reír juntos, a crear un plan de emergencias, y a caminar en **dirección** a la estación del metro, que les parecía más segura.

*"Entonces, si alguien se queda **atrás**, ¿tiene que quedarse ahí?"* preguntó Víctor mientras ambos viajaban en el metro. *"No, no, creo que tiene más sentido que el que se adelante, se baje en el **destino** y espere allí,"* opinó María. Víctor no estaba convencido, *"¿**Llegar** hasta el **destino**? ¿O bajarse en la siguiente estación?"* El siguió haciendo preguntas, tomando muy en serio el problema. Sin embargo, cuando se dio cuenta de que su esposa no le estaba respondiendo, fue cuando vio que las puertas del metro se le cerraban en frente. Esta vez, él seguía avanzando mientras María lo veía partir desde la estación en la que se debían haber bajado juntos. Ella se veía confundida, pero también muy entretenida. *"Oh no,"* se dijo Víctor a sí mismo antes de empezar a reír.

THE MUSEUM - EL MUSEO

Summary:

It's about what happens in a prestigious history museum in the city. In which, in addition to its special architecture, it had in its interior extraordinary beauties, characteristic of the location and from universal history. This made it more interesting for the new professionals of history. Those who twice a year filled the museum as applicants to aim to work in it. Only in this case none of them took very seriously that day Mrs. Margarita, museum guide, because during the tour some of the participants deviated the talk to questions out of context. For that reason, their future boss couldn't avoid considering them all children. But maybe she saw potential in them, because you could say that the day had a happy ending for the young historians.

Resumen:

Se trata de lo curioso que ocurre en un prestigioso museo histórico de la ciudad. En el cual además de su especial arquitectura, tenía en su interior bellezas extraordinarias, propias de la localidad y de la historia universal. Eso lo hacía más interesante para los nuevos profesionales de la historia. Los cuales dos veces al año llenaban el museo como aspirantes para optar trabajar en él. Solo que en este caso ninguno tomaba muy en serio ese día a la Sra. Margarita, guía del museo, ya que mientras realizaba el tour algunos de los participantes desviaron la charla a preguntas fuera del contexto. Por lo cual la futura jefa no pudo evitar considerarlos a todos como niños. Pero, quizá vio potencial en ellos, porque se podría decir que el día tuvo un final feliz para los jóvenes historiadores.

Vocabulary:

1. Prestigious - Prestigioso
2. Museum - Museo
3. History - Historia
4. Structures - Estructuras
5. Architecture - Arquitectura
6. Exhibitions - Exhibiciones
7. Historians - Historiadores
8. Phenomenon - Fenómeno
9. Stampede - Estampida
10. Graduates - Graduandos
11. Boss - Jefa
12. Guide - Guía
13. Professionals - Profesionales
14. Applicants - Aspirantes
15. Scolded - Regañó
16. Messy - Desordenados
17. Attitude - Actitudes
18. Rivals - Rivales
19. Ancient - Antiguo
20. Competitive - Competitivo
21. Nemesis - Némesis
22. Question - Pregunta
23. Noisy - Ruidoso
24. Coffee Shop - Cafetín
25. Attention - Atención

English:

The **prestigious museum** of **history** is a very **popular** place in the city. It truly is one of the most beautiful **structures** found on its streets. In addition to the special **architecture**, the interior of the **museum** is filled with great wonders. Mainly it is about local **history**, but there is no lack of amazing **exhibitions** of universal **history**. It was definitely a very interesting place, and everyone in the city visited it from time to time, plus no tourist missed it.

However, even though everyone enjoyed visiting the **museum**, very few actually got excited about working at the **museum**. Its offices always had a sign seeking staff, and every once in a while, someone new arrived. But, a little **phenomenon** exists which happens twice a year and that everyone at the **museum** knows very well. Every time there is a graduation of **history** students from the local university, the new **historians**, desperate for their first jobs, arrive at the **museum** as if it were a **stampede**.

"Please, please, organise yourselves into two neat rows," their future **boss**, Mrs. Margarita, the **museum guide** with the most experience and years working at the place, said to the young **graduates**.

*"Please, youngsters, act like **professionals**,"* Mrs. Margarita **scolded** them on seeing that the **applicants** for the job were being a little **messy**. *"We don't hire children,"* she sighed. She could see that, fresh out of university, some of them still had unprofessional **attitudes**. It was easy to see the two **rivals** desperate for **attention**, and the friends that couldn't stop talking among themselves.

"Excuse me," intervened one of the obvious **rivals**, *"I'd like to know if we're going to talk about the **history** of the **museum**. I heard it was the second **museum** built in the country."* Before the one in charge of conducting the interviews could answer, his competitor interrupted them.

"How interesting that you mention that," said the second student, *"Because, personally, I read in an official source, not just heard it around, that without counting an original remodeling, in actual fact, this is the most **ancient museum** in the country."* He looked so proud to have beaten, in some way, someone who used to be his competition in class.

"Yes, of course," nodded Mrs. Margarita, *"But, that subject can wait until the end of the tour, for now..."*

Again, the poor woman was interrupted. But, this time, it wasn't the two **competitive** young men. It was the group of friends who were a bit **noisy**; one of them raised a hand and asked, with a really serious voice, *"Yes, personally I'm a little worried about... knowing... where's the bathroom?"* And, after one of her friends whispered something into her ear, she added, *"Oh, and I'd also like to know, where is the **coffee shop**?"* And even then, she wasn't ready, because one of her other friends gave her a light shove, to apparently remind her of something. *"Oh! The **coffee shop**... to know if they also need employees there, of course,"* the young woman tried to smile professionally, but then couldn't resist adding one last comment, *"But, if you could also tell me if they sell brownies and coffee, that would be divine."*

*"I challenge you to say a historic fact about the **coffee shop**,"* said the first of the **rivals** that had participated. His academic **nemesis** accepted the challenge and started to furiously look through a book. In fact, they didn't look half as serious or professional as they believed they were.

In the end, Mrs. Margarita sighed gravely. She was happy to see so much interest, at last, on finding a job at the **museum**. But she firmly believed that they were children, and she no longer had enough patience.

"What do you think about this?" she told the group, who immediately paid **attention**, *"If you act like adults and don't ask **questions** until the tour ends, you will all get a job. All right?"* Finally, Mrs. Margarita had the pleasure of laughing when she saw that the group of inexperienced **historians** were finally silent and listened attentively to her words.

Spanish:

El **prestigioso museo** de **historia** es un lugar muy popular de la ciudad. Verdaderamente es una de las **estructuras** más hermosas que se encuentran en sus calles. Además de la especial **arquitectura**, el interior del **museo** está lleno de grandes maravillas. Principalmente se trata de **historia** local, pero no faltan las asombrosas **exhibiciones** de **historia** universal. Definitivamente se trataba de un lugar muy interesante, y todos en la ciudad lo visitaban de vez en cuando, además de que ningún turista se lo perdía.

Sin embargo, aunque todos disfrutan visitar el **museo**, muy pocos en realidad se emocionan por trabajar en el **museo**. Sus oficinas siempre tienen un aviso solicitando personal, y de vez en cuando llega alguien nuevo. Pero, existe un pequeño **fenómeno** que sucede dos veces al año y que todos en el **museo** conocen muy bien. Cada vez que hay un grado de los estudiantes **historia** de la universidad local, los nuevos **historiadores**, desesperados por sus primeros empleos llegan al **museo** como si fueran una **estampida**.

"Por favor, por favor, organícense en dos filas ordenadas," les dijo a los jóvenes **graduandos** su futura **jefa**, la señora Margarita, la

guía del **museo** con más experiencia y años de trabajo en el lugar. *"Por favor, jóvenes, actúen como **profesionales**,"* los **regañó** la señora Margarita al ver que los **aspirantes** al trabajo eran un poco **desordenados**. *"No contratamos niños,"* suspiró. Podía ver que, recién salidos de la universidad, algunos de ellos mantenían **actitudes** poco **profesionales**. Era fácil ver a los dos **rivales** desesperados por **atención**, y los amigos que no paraban de hablar entre ellos.

"Disculpe," intervenido uno de los obvios **rivales**, *"quisiera saber si vamos a hablar de la **historia** del **museo**. Yo escuché que fue el segundo **museo** construido en el país."* Antes de que la encargada de conducir las entrevistas pudiera responder, su competidor los interrumpió.

"Que interesante que menciones eso," dijo el segundo estudiante, *"Porque, personalmente, yo leí en una fuente oficial, no escuché por ahí, que sin contar una remodelación original, en realidad este es el **museo** más **antiguo** del país."* Se veía muy orgulloso de haber ganado, en alguna forma, a quien solía ser su competencia en las clases.

"Sí, claro que sí," asintió la señora Margarita, *"Pero, ese tema puede esperar para el final del tour, por ahora…"*

De nuevo, la pobre mujer fue interrumpida. Pero, esta vez no se trataba de dos jóvenes **competitivo**s. Era el grupo de amigos un poco **ruidoso**s, una de ellas levantó la mano y preguntó, con una voz muy seria, *"Sí, personalmente me inquieta un poco… saber… ¿dónde está el baño?"* Y, luego de que una de sus amigas le susurrara algo al oído, añadió, *"Oh, y también quisiera saber ¿dónde está el **cafetín**?"* Y aun así no estaba lista, pues otro de sus amigos le dio un ligero empujón, para recordarle algo aparentemente. *"¡Oh! El **cafetín**… para saber si también necesitan empleados allí, claro,"* la joven intentó sonreír profesionalmente, pero luego no pudo evitar incluir un último comentario, *"Pero, si también me pudieras decir si venden brownies y café, eso sería divino."*

*"Te reto a que digas un dato histórico sobre el **cafetín**,"* dijo el primero de los **rivales** que había participado. Su **némesis** estudiantil, aceptó el reto y empezó a revisar un libro furiosamente. En realidad, no se veían ni la mitad de serios o **profesionales** de lo que creían ser.

Al final, la señora Margarita suspiró muy gravemente. Le alegraba ver tanto interés, por fin, en conseguir trabajo en el **museo**. Pero creía firmemente que estos eran niños, y ella ya no tenía tanta paciencia. *"¿Qué opinan de esto?"* le dijo al grupo, que inmediatamente prestó **atención**, *"Si se comportan como adultos y no hacen **preguntas** hasta que termine el tour, todos van a tener trabajo. ¿Está bien?"* Finalmente, la señora Margarita tuvo el placer de reír al ver que el grupo de inexpertos **historiadores** por fin hacían silencio y escuchaban atentamente sus palabras.

Anxiety - Ansiedad

Summary:

The exciting and interesting thing about holidays with friends is planning them, and trying to complete all the little details. That was not the case of Andrea, who was so excited about what they had planned for the trip to the Caribbean Islands, that she forgot the most important thing, which was that she was afraid of water. Just imagining herself on a boat she freaked out. It turned out to be too late, as she realised once she was already in the middle of the trip with friends. Luckily, when she panicked, Andrea counted on her best friends who knew exactly what to do. Her friends took turns to distract her, to confuse her, and to make her laugh. This way, the trips above water passed by almost without the young woman realising. What she did realise was the she had the best friends in the world.

Resumen:

Lo emocionante e interesante de unas vacaciones entre amigos es planificarlas y tratar de completar todos los detalles. Ese no fue el caso de Andrea, quien estaba tan emocionada por lo que habían preparado para el viaje a las islas del caribe, que olvido lo más importante, que le tenía miedo al agua. Solo con imaginarse en el barco se aterro. Resulto ser demasiado tarde ya que se dio cuenta cuando estaban en medio del viaje con sus amigos. Por suerte, al entrar en pánico, Andrea contaba con los mejores amigos que supieron exactamente qué hacer. Sus amigos tomaron turnos para distraerla, para confundirla, y para hacerla reír. De esta forma los viajes sobre el agua pasaron casi sin que la joven se diera cuenta. De lo que sí se dio cuenta era que tenía los mejores amigos del mundo.

Vocabulary:

1. Holidays - Vacaciones
2. Summer - Verano
3. Friend - Amigo
4. Idyllic - Idílicas
5. Islands - Islas
6. Magical - Mágica
7. Waves - Olas
8. Motor Boats - Lancha
9. Boats - Botes
10. Panic - Pánico
11. Pale - Pálida
12. Terrify - Aterra
13. Fear - Miedo
14. Threatening - Amenazador
15. Improvise - Improvisar
16. Metres - Metros
17. Faint - Desmayar
18. Phobia - Fobia
19. Dramatic - Dramática
20. Anxiety - Ansiedad
21. Support - Apoyo
22. Care - Cariño
23. Water - Agua
24. Worry - Preocupación
25. Arms - Brazos

English:

On one hand, Andrea thought that the idea of spending her **summer holidays** with all of her best **friends** was fantastic. But the young woman hadn't considered that, when choosing to spend the **idyllic** holidays in the Caribbean **Islands**, she was going to have to travel a lot above water. They planned the perfect holiday between them; they were going to visit beautiful **islands**, with their **magical** beaches and the fascinating **waves** of the sea.

This, however, included risking travelling on all kinds of **boats**. Little **motor boats**, big **boats**, medium sized yachts, a little bit of everything. In her defence, it turned out that Andrea had no idea she was terrified of travelling on **boats**... until the group of **friends** was already on the first **boat** that would take them to the first island.

"Oh no," Andrea whispered just as the boat started to move on the water. *"Oh no!"* she exclaimed with much more emotion when the boat started to accelerate. *"What's happened?"* and *"Are you all right?"* asked her **friends**. *"You've turned very **pale**,"* and *"It looks like you've seen a ghost,"* observed other members of the group. *"I think..."* Andrea

started to explain, very tense while she watched the **waves** pass by. *"I think I have just discovered that I'm terrified of travelling in **boats**!"*

"Oh no!" this time the exclamation came from everyone around her. Andrea's **friends** exchanged looks of **worry**. They knew they couldn't cancel the whole trip, but they also agreed that they couldn't abandon their friend in a state of **panic**.

One of her **friends**, Paulina, took the initiative to calm Andrea; to distract her from her recently discovered **fear**. *"It's fine!"* Paulina said smiling, *"We are all afraid of something. I am terrified of travelling on aeroplanes."*

"Why?" exclaimed one of the other **friends**, Tomas. *"Technically, planes are much safer than **boats**."* Tomas' comment worsened the state of the girl in **crisis**, and Paulina let him know with a **threatening** look.

But Paulina was a woman who knew how to **improvise**, and protested, *"What does it matter? I just know that under the boat there's water, but under the plane there's a fall of ten thousand **metres**."* Tomás didn't look very convinced. *"Okay, that's true, but-"* before he could continue, Paulina interrupted him. *"Besides, I can learn how to swim. But, can I learn how to fly, Tomas? Can I?"*

In the end, it turned out that the debate between two of her **friends** was sufficiently entertaining to distract Andrea, so she survived the first trip. But, on the second day, upon getting on the little boat that would take them to a new island, Andrea closed her eyes and extended a hand to one of her **friends**. *"Hold my hand, I'm going to faint,"* sighed the girl with the **phobia** of travelling on water.

"You are so dramatic," responded her **friend**, Gabriela, along with a big hug. *"Am I?"* Andrea questioned while she grew **pale** as the boat started to accelerate. *"Because at the moment, I feel that if I survive these terrifying waters, the anxiety I feel is going to kill me."*

One of the men from the group got closer to Andrea with a smile to give her **support**. *"If it makes you feel better,"* Jesus told her, *"I am scared of animals."* Andrea frowned in confusion, and her friend asked, *"All animals? Cute puppies? Soft bunnies? Little ants?"*

While Andrea and Gabriela laughed, Jesus tried to defend himself. *"They're animals! I can't communicate with them! We can't understand each other with words, and that stresses me out, okay?"*

67

Jesus crossed his **arms** defensively, but it was obvious he was still smiling, so he asked Gabriela, *"What are you **scared** of, then?"*

She didn't hesitate on answering. *"Oh, everything!"* Gabriela replied with a smile, *"Bridges, lifts, the dark - a little bit, speaking in public... Oh! Group chats! Every time I get a notification, I try to answer but I end up fainting."* Gabriela's words, between sincerity and good humour, made Andrea laugh so much that she forgot completely that she was travelling on a boat.

They spent all the following days in exactly that way. Every time Andrea felt **panic** or **anxiety**, her **friends** were there for her. With love and **care** they distracted her, they supported her, and they made sure that her **fear** didn't ruin the best **holiday** of her life.

Spanish:

Por un lado, Andrea pensaba que la idea de pasar sus **vacaciones** de **verano** con todos sus mejores **amigos** y amigas era fantástica. Pero, la joven no había considerado que, al escoger pasar las **idílicas vacaciones** en las **islas** del Caribe, iba a tener que viajar mucho sobre el agua. Planearon las **vacaciones** perfectas entre todos, iban a visitar muchas hermosas **islas**, con sus **mágicas** playas y las fascinantes **olas** del mar.

Esto, sin embargo, incluía arriesgarse a viajar en todo tipo de barcos. Pequeñas **lanchas**, grandes **botes**, yates medianos, de todo un poco. En su defensa, resulta ser que Andrea no tenía idea que viajar en barco le aterraba... hasta que el grupo de **amigos** ya estaba en el primer bote que los llevaría a la primera isla.

"Oh no," Andrea susurró justo cuando el bote empezó a avanzar por el agua, *"¡Oh no!"* exclamó con baste más emoción cuando el bote empezó a acelerar. *"¿Qué pasa?"* y *"¿Estás bien?"* le preguntaron varios de sus **amigos**. *"Te pusiste muy **pálida**,"* y *"Pareciera que hubieras visto un fantasma,"* observaron otros miembros del grupo. *"Creo..."* empezó a

explicar Andrea, muy tensa mientras veía las **olas** pasar, *"¡Creo que acabo de descubrir que me **aterra** viajar en **botes**!"*

"¡Oh no!" esta vez la exclamación vino de todos los que estaban a su alrededor. Los **amigos** de Andrea intercambiaron miradas de **preocupación**. Sabían que no podían cancelar todo el viaje, pero también estaban de acuerdo en que no podían abandonar a su amiga en estado de **pánico**.

Una de sus amigas, Paulina, tomo la iniciativa de intentar calmar a Andrea, de distraerla de su recién descubierto **miedo**. *"¡Está bien!"* dijo Paulina, sonriendo, *"Todos le tememos a algo. A mí me da **terror** viajar en avión."*

"¿Por qué?" exclamó uno de los demás **amigos**, Tomás, *"Técnicamente, los aviones son más seguros que los barcos."* El comentario de Tomás empeoró el estado de la chica en **crisis**, y Paulina se lo hizo saber con una mirada **amenazador**a.

Pero Paulina era una mujer que sabía **improvisar**, y protestó, *"¿Qué importa? Solo se que debajo del barco hay agua, pero debajo del avión hay una caída de diez mil **metros**."* Tomás no se veía muy convencido. *"Okay, eso es cierto, pero-"* antes de que pudiera continuar,

Paulina lo interrumpió. *"Además, puedo aprender a nadar. Pero, puedo aprender a volar, ¿Tomás? ¿Puedo?"*

Al final, resultó que el debate entre dos de sus **amigos** fue suficientemente entretenido como para distraer a Andrea, así que sobrevivió el primer viaje. Pero, el segundo día, al subir al pequeño barco que los llevaría a una nueva **isla**, Andrea cerró los ojos y le extendió una mano a una de sus amigas. *"Sostén mi mano, me voy a* ***desmayar,*** *"* suspiró la chica con **fobia** al viajar en el agua.

"Eres demasiado ***dramática,*** *"* le respondió junto con un gran abrazo su amiga, Gabriela. *"Lo soy?"* cuestionó Andrea mientras palidecía al mismo tiempo que el barco aceleraba, *"Porque en este momento siento que, si sobrevivo a estas aterradoras aguas, me va a matar la* ***ansiedad*** *que siento."*

Uno de los hombres del grupo se le acercó a Andrea con una sonrisa para darle **apoyo**. *"Si te hace sentir mejor,"* le dijo Jesús, *"a mí me dan* ***miedo*** *los animales."* Andrea frunció el ceño en confusión, y su amiga preguntó, *"¿Todos los animales? ¿Lindos perritos? ¿Suaves conejitos? ¿Pequeñitas hormigas?"*

71

Mientras Andrea y Gabriela reían, Jesús se intentó defender.

"¡Son animales! ¡No me puedo comunicar con ellos! No nos podemos entender con palabras y eso me estresa, está bien?" Jesús se cruzó de brazos a la defensiva, pero era obvio que estaba sonriendo aún, así que le preguntó a Gabriela, *"¿A ti qué te da **miedo**, entonces?"*

Ella no dudó en responder, *"¡Oh, de todo!"* comentó Gabriela con una sonrisa, *"Los puentes, los ascensores, un poco la oscuridad, hablar en público... ¡Oh! ¡Los grupos de mensajes! Cada vez que me llega una notificación, intento responder pero termino desmayándome."* Las palabras de Gabriela, entre sinceridad y buen humor, hicieron a Andrea reír tanto que olvidó por completo que estaba viajando en un barco.

Exactamente de esa forma pasaron todos los días siguientes. Cada vez que Andrea sentía **pánico** o **ansiedad**, allí estaban sus **amigos** para ella. Con amor y **cariño** la distraían, la apoyaban, y se aseguraron que su **miedo** no le arruinara las mejores **vacaciones** de su vida.

LIKE IN A MOVIE - COMO EN UNA PELÍCULA

Summary:

Many professions are interesting and exciting, but in the case of Juliana, who is a fashion designer, it is simply incredible to be appointed the costume designer for many famous movies. For this she will need an assistant for her hard work. She finds Valentina, who happens to be her admirer because of all the spectacular costumes she has designed for many of her favourite movies. This excited Juliana so much that she was also flooded with joy and excitement at seeing that beyond the characters, the costumes in this case - her designs - were really valued by one or many people. People like Valentina, who loved the art of dressing and designing. This way Juliana felt a great pride in her profession, and felt immediate affection for her new assistant.

Resumen:

Muchas profesiones son interesantes y emocionantes, pero en el caso de Juliana, quien es diseñadora de moda, es simplemente increíble ser nombrada directora de vestuario de muchas películas famosas. Para

73

esto va a requerir una asistente por su arduo trabajo. Encuentra a Valentina, que resulta ser su admiradora por los espectaculares trajes que diseñaba en muchas de sus películas favoritas. Esto emociono a Juliana a tal punto que también se inundó de alegría y emoción al ver que aparte de los personajes, los vestuarios en este caso sus diseños si eran valorados por alguna o muchas personas. Personas como Valentina que amaban también el arte de vestir y diseñar. Así, Juliana sintió gran orgullo de su profesión, y ganó afecto inmediato por su nueva asistente.

Vocabulary:

1. Movies - Películas
2. Actors - Actores
3. Designer - Diseñadora
4. Fashion - Modas
5. In Charge - Encargada
6. Costume - Vestuario
7. Productions - Producciones
8. Demanded - Demandaba
9. Assistant - Asistente
10. Pleasure - Placer
11. Fortunate - Afortunada
12. Chosen - Elegida
13. Admirer - Admiradora
14. Surprise - Sorpresa
15. Action Acción
16. Clothes - Ropa
17. Style - Estilo
18. Fabrics - Telas
19. Apprentice - Aprendiz
20. Talent - Talento
21. Warehouse - Almacén
22. Excitement - Emoción
23. Head - Cabeza
24. Position - Puesto
25. Creation - Creación

English:

In the world of **movies**, it's not all about **actors** and directors. There is a group of people **in charge** of giving life to entire places, and transforming those actors. One of these people is Juliana, who had started out in the world as a successful **fashion designer**, and then focused on working in **movies**, being **in charge** of **costume** on the best **productions** of recent years. Her sudden success **demanded** that Juliana find an **assistant** and, after considering dozens of people from all over the world, a young **designer** who reminded her of herself a few years ago got the **position**.

*"It's a **pleasure** to meet you. No, no, it's an honour to meet you!"* Valentina exclaimed, the one **fortunate** to be **chosen** for the **position** of **assistant**. *"I am a great **admirer** of your work. Your first designs were the ones to catch my attention and made me dream of being a **designer** like you. And then after discovering that you are the responsible for the **costumes** of all my latest favourite **movies**... You changed my life!"*

"Oh... me?" Juliana couldn't prevent the innocent question from escaping, but she tried to recover her seriousness. *"Of course, of course. I understand. Excuse me, it's just not very common for someone to give*

so much importance to my job. Usually everyone just focuses so much on the faces of the actors that they hardly notice what they're wearing."

Valentina let out a small exclamation of **surprise**. *"That doesn't make any sense! The **costume** is a big part of the character!"* The young woman exclaimed and, even though she knew the other woman knew that very well, she couldn't help but add, *"In an **action** movie, the **clothes** should be practical and functional. In a movie set in the past, the **clothes** help us orient ourselves in it, and an error would be fatal. And not to mention the colours! The **fabrics**! The **styles**! Everything that we can know about a character from what they're wearing!"*

This time, Juliana, delighted, shared a laugh with her new **apprentice**. *"Wow! I see that you're really passionate about this subject, aren't you?"* she asked Valentina, who quickly nodded her **head**. *"Well, you know what? Through your experience, passion and **talent**, it is certain that you've got the job. I think I don't have a lot to ask you and you don't have to prove anything else. So, what do you think if we use the rest of the afternoon for you to investigate a little in the wardrobes of all your favourite **movies**?"*

For a moment, Valentina couldn't even react. She had her mouth open, and her eyes open wide; she couldn't believe it. *"The **costumes** are all here?"* she asked, but it was almost obvious, since they were in the middle of a big movie studio, *"And I can see them?"* she kept asking and doubting the entire way to the first **warehouse** where she found a treasure trove. Then, Valentina really couldn't contain a yell of **excitement**. *"It's the dresses! They're really the dresses from the movies!"* She walked closer to a series of dresses and, after receiving approval from her new boss, she touched them with great admiration. *"They're all here... the soft red dress with a pocket, the elegant green dress... the blue dress, and look, it has the burn from the movie!"*

In the second **warehouse**, Juliana had already been infected with the **excitement** of her **apprentice**. *"Look at all these coats!"* she sighed, looking around her, *"Only half of the movie happened in the winter. I admit I got carried away with the coats. But, don't you think they're so elegant? I feel powerful in this iconic coat."* Juliana couldn't help but put on one of her favourite **creations,** and apparently, Valentina took that as an invitation to timidly try something on. *"I like the hat!"* she said, while both of them laughed. And just like that, amongst laughs and admiration, they spent the first day of what would be a long and

78

successful collaboration in which they would dress the best characters

the world would see in the following years.

Spanish:

En el mundo de las **películas**, no todo se trata sobre los **actores** y los directores. Hay un grupo de personas que se encargan de darle vida a lugares enteros, y transformar a estos **actores**. Una de esas personas era Juliana, quien se había iniciado en el mundo como exitosa **diseñadora** de **modas**, y luego se concentró a trabajar en **películas**, como **encargada** de **vestuario** de las mejores **producciones** de los últimos años. Su repentino éxito **demandaba** que Juliana consiguiera un **asistente** y, después de considerar docenas de personas de todo el mundo, una joven **diseñadora** que se recordaba a sí misma hace un par de años se ganó el **puesto**.

*"Es un **placer** conocerla. No, no, ¡es un honor conocerla!"* exclamó Valentina, la **afortunada elegida** para el **puesto** de **asistente**. *"Soy una gran **admiradora** de su trabajo. Sus primeros diseños fueron los que captaron mi atención y me hicieron soñar con ser **diseñadora** como usted. Y luego de descubrir que usted era la responsable por el **vestuario** de todas mis últimas **películas** favoritas... ¡Me cambió la vida!"*

"Oh... ¿Yo?" Juliana no pudo evitar que la inocente pregunta se le escapara, pero intentó recuperar su seriedad, *"Claro, claro. Comprendo. Discúlpame, es que no es muy común que alguien le de tanta importancia a mi trabajo. Normalmente todos se concentran tanto en las caras de los **actores** que difícilmente ven que llevan **puesto**."*

Valentina dejó escapar un pequeño grito de **sorpresa**. *"¡Eso no tiene sentido! ¡El **vestuario** construye gran parte del personaje!"* La joven exclamó y, aunque sabía que la otra mujer sabía muy bien eso, no pudo evitar añadir, *"En una película de **acción**, la **ropa** debe ser práctica y funcional. En una película ambientada en el pasado, la **ropa** nos ayuda a ubicarnos, y un error sería fatal. ¡Y sin mencionar los colores! ¡Las **telas**! ¡Los **estilo**s! ¡Todo lo que podemos conocer de un personaje por lo que lleva **puesto**!"*

Esta vez Juliana, encantada, compartió una risa con su nueva **aprendiz**. *"¡Vaya! Veo que de verdad te apasiona este tema, ¿no es así?"* le preguntó a Valentina, quien asintió rápidamente con la **cabeza**. *"Bueno, ¿sabes qué? Ya por tu experiencia, pasión y **talento** es seguro que conseguiste este trabajo. Creo que no tengo mucho que preguntarte y no tienes que probar nada más. Así que, ¿qué te parece si usamos el* *resto de la tarde para que investigues un poco en los closets de todas*

*tus **películas** favoritas?"*

Por un momento, Valentina no pudo siquiera reaccionar. Estaba boquiabierta y sus ojos muy abiertos, no se lo podía creer. *"¿Los **vestuarios** están todos aquí?"* preguntó, pero era casi obvio, ya que estaban en medio de un gran estudio de cine, *"Y ¿yo los puedo ver?"* Siguió preguntando y dudando durante todo el camino hasta el primer **almacén** en el que encontró todo un tesoro. Entonces, Valentina de verdad no pudo contener un grito de **emoción**. *"¡Son los vestidos! ¡De verdad son los vestidos de la película!"* se acercó a una serie de vestidos y luego de recibir la aprobación de su nueva jefa, los tocó con gran admiración. *"Aquí están todos... el suave vestido rojo con bolsillo, el elegante vestido verde... el vestido azul, y mira, ¡tiene la quemadura de la película!"*

En el segundo **almacén**, Juliana ya se sentía contagiada por la **emoción** de su **aprendiz**. *"¡Mira todos estos abrigos!"* suspiró, mirando a su alrededor, *"Tan solo la mitad de la película transcurría en invierno. Admito que me dejé llevar un poco con los abrigos. Pero, ¿no te parecen tan elegantes? Yo me siento poderosa en este icónico* *abrigo.* " Juliana no pudo evitar ponerse una de sus **creaciones** favoritas, y al parecer Valentina lo tomó como una invitación para tímidamente probarse algo. *"¡Me gusta el sombrero!"* dijo, mientras ambas reían. Y justo así, entre risas y admiración, se pasaron el primer día de lo que sería un alarga y exitosa colaboración en la que vestirían los mejores personajes que el mundo vería en años siguientes.

ENCHANTED FOREST? - ¿BOSQUE ENCANTADO?

Summary:

Felix is a boy that loves his grandfather and loves to enjoy his stories and company. But the time arrived when Miguel, the grandfather, due to his age, decided to retire to the countryside, which made both of them sad. So the grandfather used a tactic which was to create curiosity in his grandson to follow him, saying that he was going to a cabin in an enchanted forest. The boy, even though he knew it wasn't true, followed the advice of his grandfather and preferred to imagine everything. That way, he could feel the magic of the forest that surrounded them and made that place the best. It was like being at home. And all thanks to following his grandfather, who was also very excited at having succeeded in his task that his grandson and partner of tales and stories would stay with him for a while.

Resumen:

Félix es un niño que ama a su abuelo y le encantada disfrutar de sus historias y compañía. Pero llegó el tiempo en que el abuelo Miguel por su edad decidió retirarse al campo, lo que entristeció a ambos. Así que el abuelo uso una táctica y fue crearle la curiosidad al nieto para que lo siguiera diciéndole que se iba a una cabaña en un bosque encantado. El niño, aun cuando sabía que no era cierto, siguió los consejos del abuelo y prefirió imaginarlo todo. Así podía sentir la magia del bosque que los envolvió e hizo de ese lugar el mejor. Era como si estuvieran en casa. Y todo gracias a seguir al abuelo, quien también se había emocionado por lograr su cometido y que su nieto y compañero de cuentos e historias se quedara con él un tiempo.

Vocabulary:

1. Grandfather - Abuelo
2. Moustache - Bigote
3. Close - Cercano
4. Separation - Separación
5. Move - Mudar
6. Old - Viejo
7. Retirement - Retiro
8. Cabin - Cabaña
9. Forest - Bosque
10. Curiosity - Curiosidad
11. Enchanted - Encantada
12. Excitement - Emoción
13. Mystery - Misterio
14. Invitation - Invitación
15. Planned - Planeando
16. Skeptic - Escéptico
17. Bag - Maleta
18. Faith - Fe
19. Fantastic - Fantástico
20. Confused - Confundido
21. Years - Años
22. Contain - Contener
23. Patience - Paciencia
24. Disappointed - Decepcionado
25. Together - Juntos

English:

Felix had always been told he looked a lot like his **grandfather**. Since he was a baby, his aunts told him he was identical to his **grandfather** Miguel. Over the **years**, Felix didn't really understand why they said that. He was just a little boy, and his **grandfather** was an **old** man with white hair and a mustache. But, through the **years**, Felix also became very **close** to his **grandfather**. The boy visited his **grandfather** Miguel almost every day. On the weekends he stayed to sleep at his **grandfather's** house. And during his holidays he could spend entire weeks there. The two of them never got tired of talking, listening, laughing **together**. However, after a few **years**, they were both older, and it looked like it was time for a **separation**.

*"You're going to **move** away?!"* the boy exclaimed when his **grandfather** gave him the news. *"But I'm finally big enough for my mum to let me come to your house alone, because it's nearby. Are you going to **move** very far away?"* the boy asked.

*"I'm very **old** now, I've earned a **retirement**. I am going to leave the city. I am going to go to the **cabin** in the woods that used to belong to my parents."* The **grandfather** smiled, and his smile grew even more

87

when he saw the **curiosity** in the eyes of his grandson. He knew the idea of a **cabin** in the woods would catch his attention, so he decided to add something else, *"Yes, the **cabin** in the forest... the **enchanted forest**!"*

That day, Felix almost couldn't **contain** his **excitement**. The boy was full of questions, and the **grandfather** tried to answer as well as he could, whilst maintaining the **mystery**. *"How do you know it's enchanted?"* the boy asked. *"Because I felt its magic,"* answered the **grandfather**. Felix wasn't convinced. *"But did you see the magic, grandfather?"* he insisted. The **grandfather** just laughed, *"I didn't see anything that wasn't magical."* Felix, looking very serious, shook his head, *"That doesn't convince me, **grandfather**,"* he said, *"How is it enchanted? Why?"* After his grandson got tired of so many questions, the **old** man Miguel said to him, *"Well, I suppose you'll have to see it for yourself. Would you like to accompany me and go to the **cabin** next month?"*

His **grandfather's invitation** changed Felix's life. The boy couldn't **contain** his **excitement**. He spent the entire month **planning** the trip, getting ready for the greatest adventure of his life. The **grandfather** knew that Felix was getting to the age when little kids start to grow up, to think and worry too much, and forget about fairytales and **faith**. But that month, Felix found all the magic of his childhood again. He reread all the fairytale books that his **grandfather** had read to him a few **years** ago.

However, when the big day arrived, the boy was a little **sceptical**. He travelled with his **grandfather** on the bus as **close** as they could, then they took a couple of **bags** and started walking into the depths of the **forest**. *"I don't see anything magical, **grandfather**,"* Felix complained, *"It's a normal, common and ordinary **forest**."* Miguel shook his head, a little **disappointed**. *"You are not seeing it as you should,"* his **grandfather** answered, *"you have to see it with **faith**. The magic only shows itself to those that want to see it."*

Felix was losing his **patience**, but he made an effort to make his **grandfather** happy. He focused on all the tales of his **grandfather**, and started seeing the **forest** with love, as if it was part of his **grandfather**. For a moment, he believed he saw a unicorn between the trees. But the boy told himself it was probably normal to see beautiful white horses in the middle of the **forest**, and that he had just imagined the horn. At another moment, he believed he saw some fairies, but he told himself they had to be simply butterflies, and the music he was hearing was just in his imagination.

When they arrived at the beautiful **cabin**, which looked exactly like one of the **fantastic** tales of his **grandfather**, the boy didn't know what to do. He was a little scared, very **confused**, but more than anything else, he was excited. *"Grandfather..."* Felix asked, *"Could I stay here with you for a few days?"* They both exchanged big smiles while they felt the magic of the **forest** around them, and it was like being at home.

Spanish:

A Félix siempre le dijeron que se parecía mucho a su **abuelo**. Desde que era un bebé, sus tías dijeron que era igual al **abuelo** Miguel. Al pasar de los **años**, Félix no entendió muy bien por qué decían eso. Él era tan sólo un niño, y su **abuelo** era un hombre mayor con cabello blanco y **bigote**. Pero, al pasar los **años**, Félix también se hizo muy **cercano** a su **abuelo**. El niño visitaba al **abuelo** Miguel casi todos los días. Los fines de semana se quedaban a dormir en casa de su **abuelo**. Y durante las vacaciones podía pasar semanas enteras allí. Los dos no se cansaban de hablar, de escucharse, de reír **juntos**. Sin embargo, después de unos cuantos **años**, ya ambos estaban más **viejo**s, y parecía que era tiempo de una **separación**.

"¡¿Te vas a mudar?!" el niño exclamó cuando su **abuelo** le dio las noticias. *"Pero ya soy lo suficientemente grande como para que mi mamá me deje venir solo a tu casa, porque queda cerca. ¿Te vas a ir muy lejos?"* le preguntó el niño.

"Ya estoy muy viejo, me gané un retiro. Voy a dejar la ciudad. Me voy a ir a la cabaña en el bosque que era de mis padres." El **abuelo** sonrió, y su sonrisa creció aún más cuando vio la **curiosidad** en los ojos

91

de su nieto. Sabía que la idea de una **cabaña** en el **bosque** le llamaría la atención, así que decidió añadir algo más, *"Sí, la **cabaña** en el **bosque**... ¡en el **bosque** encantado!"*

Ese día, Félix casi no podía **contener** su **emoción**. El niño estaba lleno de preguntas, y el **abuelo** intentaba responder lo mejor que podía, mientras mantenía el **misterio**. *"¿Cómo sabes que está **encantado**?"* preguntaba el niño. *"Porque yo sentí su magia,"* le respondía su **abuelo**. Félix no estaba convencido, *"Pero ¿viste la magia, **abuelo**?"* insistió. El **abuelo** tan solo se rió, *"No vi nada que no fuera mágico."* Félix, muy serio, sacudió la cabeza, *"Eso no me convence, **abuelo**,"* dijo, *"¿Cómo está **encantado**? ¿Por qué?"* Luego de que su nieto se cansó de tantas preguntas, el **viejo** Miguel le dijo, *"Bueno, supongo que tendrás que verlo tú mismo. ¿Quisieras acompañarme a ir a la **cabaña** el mes que viene?"*

La **invitación** de su **abuelo** le cambió la vida a Félix. El niño no podía **contener** su **emoción**. Estuvo todo el mes **planeando** el viaje, preparándose para la mayor aventura de su vida. El **abuelo** sabía que Félix estaba llegando a esa edad en que los niños pequeños empiezan a crecer, a pensar y preocuparse demasiado, y a olvidar los cuentos de hadas, y la **fe**. Pero, ese mes, Félix volvió a encontrar toda la magia de su infancia. Volvió a leer todos los libros de cuentos de hadas que su **abuelo** le había leído unos cuantos **años** atrás.

Sin embargo, cuando llegó el gran día, el niño estaba algo **escéptico**. Viajó con su **abuelo** en bus lo más cerca que podían, luego tomaron un par de **maletas** y empezaron a caminar hacia lo profundo del **bosque**. *"No veo nada mágico, **abuelo**,"* se quejó Félix, *"es un **bosque** normal, común y corriente."* Miguel sacudió su cabeza, algo decepcionado. *"No lo estás viendo como deberías,"* le respondió su **abuelo**, *"tienes que ver con **fe**. La magia solo se muestra a los que quieren verla."*

Félix estaba perdiendo la **paciencia**, pero se esforzó por complacer a su **abuelo**. Se concentró en todas las historias de su **abuelo**, y empezó a ver al **bosque** con cariño, como si fuera parte de su **abuelo**. Por un momento, creyó ver un unicornio entre los árboles. Pero el niño se dijo que seguramente era normal ver hermosos caballos blancos en medio del **bosque**, y que había imaginado el cuerno. En otro momento, creyó ver unas hadas, pero se dijo que tenían que ser simples mariposas, y que la música que escuchaba estaba en su imaginación.

Cuando llegaron a la hermosa **cabaña**, que se veía exactamente como una de los cuentos **fantásticos** de su **abuelo**, el niño no sabía muy bien que hacer. Estaba un poco asustado, muy **confundido**, pero más que nada, estaba emocionado. *"Abuelo…"* Félix preguntó, *"¿podría quedarme aquí contigo unos días?"* Ambos intercambiaron grandes sonrisas, mientras sentían la magia del **bosque** a su alrededor y era como estar en casa.

DOCTOR AND NURSES - DOCTORA Y ENFERMEROS

Summary:

Valeria is a young doctor, who never imagines that a simple cold could cause so much trouble in her family. Especially among her siblings, from the youngest at 5 years old, the middle one at 12 years old, up to her sister aged 19. Thankful for all the attention she gave them when they had needed her, they wanted to pay her back. So they turned that simple cold into a day of craziness and adorable actions. For example, they offer her chicken soup, technically for the dog, give her an unknown pill, and take her temperature with an upside-down thermometer, and that's not to mention not letting her sleep, in order to rest a little bit. So she opted to give in, telling them that if they wanted, they could lay down near her, which terrified them. That's how, in the end, among smiles, the poor Valeria could rest, thankful for the concern of her mischievous siblings.

Resumen:

Valeria una joven médica, nunca imagina que un simple resfriado, podría causar tanto revuelo en su familia. Especialmente entre sus hermanos, desde el menor de 5 años, el del medio de 12 años, y hasta su hermana de 19 años. Agradecidos por todas las atenciones que ella les brindo cuando ellos la necesitaron, quisieron retribuirle. Así que convirtieron ese simple resfriado en un día de locuras y enternecedoras acciones. Por ejemplo, la de ofrecerle sopa de pollo, técnicamente para el perro, darle una pastilla desconocida, y tomarle la temperatura con el termómetro al revés, y ni se diga de no dejarla dormir para descansar solo un poco. Así que ella optó por ceder, diciéndoles que si querían se acostaran cerca, lo que los aterro. Y fue así como al final entre sonrisas la pobre Valeria pudo descansar agradecida por la preocupación de sus traviesos hermanos.

Vocabulary:

1. Siblings - Hermanos
2. - Poisonous - Venenosas
3. Little - Pequeños
4. Terrifying - Aterradores
5. Medicine - Medicina
6. Exception - Excepción
7. Infection - Contagio
8. Cold - Resfriado
9. Die - Morir
10. Sick - Enferma
11. Touched - Enternecida
12. Thankful - Agradecida
13. Scared - Asustada
14. Soup - Sopa
15. Survive - Sobrevivir
16. Thermometer - Termómetro
17. Sneeze - Estornudar
18. Nurses - Enfermeros
19. Glass - Vaso
20. Scratch - Rasguño
21. Careful - Cuidadosa
22. Defensive - Defensiva
23. Boiling - Hirviendo
24. Freezing - Congelando
25. Calm - Tranquilo

English:

The life of the Rodriguez **siblings** was never boring. Sometimes, they had too many adventures. The youngest of the **siblings, little** David who was 5 years old, was slightly more curious and daring than other kids his age. Which meant that he was always causing some problem, and his knees always had some **scratch**. His older brother, Ricardo, 12 years old, was very similar. But, being older, Ricardo caused his problems at school and it wasn't strange to see him with a cast on his arm after one of his adventures went wrong. One of their sisters, Laura, 19 years old, always tried to be more responsible than her **siblings**, but constantly failed. The young woman felt passion for nature, loved excursions and camping in the mountains. Her **little** trips usually included everything, from worrying falls, to **terrifying** attacks from strange insects, wild animals, and occasionally **poisonous** plants.

Finally, there was the oldest sister of the group, Valeria. She was 26 years old, and had just finished **medicine** school. Valeria was a very special person, and an **exception** in her family. She was responsible, **careful**, loving, and all her life she helped her parents take care of her **siblings**. Everyone loved her. For that reason, and for the fact that, considering she rarely got in trouble, got hurt, or got **sick**, the day that Valeria got **infected** with a strong **cold**, all of her siblings were alarmed. Basically, the three of them lost their heads.

"Are you going to die?" Ricardo asked, the middle kid. Being so confused, he didn't know if he should make jokes or cry, so his sister hit him with a pillow.

"I insist that we should take you to a hospital," Laura said, trying to take responsibility, now that the oldest of the group was **sick**. But Valeria just laughed, *"Haven't you crashed our parent's car five times?"* Laura frowned, crossed her arms in a **defensive** way and said, *"I only crashed the car three times. The other two times someone crashed into me."*

In that moment, the youngest of the **siblings** came to the room with a **glass** of water that he offered to his **sick** sister. *"Here you go, Valeria. Now I will be the doctor for you,"* smiled the boy. Very grateful and **touched**, Valeria accepted the **glass** of water and started drinking, but when she felt a really strange and somewhat disgusting taste, she asked, **scared**, *"What is this?"* And David explained very seriously, *"Well, I saw on TV that chicken **soup** is good for the flu. But I don't* *know how to make chicken **soup**. So, I took a **glass** of water and I put in a **little** bit of dog food, which says it tastes like chicken."*

While Valeria tried to **survive** the surprise of that "chicken soup", her **siblings** continued to make a mess of the task of taking care of their older sister. *"We have to take her temperature,"* Laura declared very seriously and, after checking the **thermometer** she said, *"Oh no, you're **boiling**!"* Her younger brother laughed at her, *"You're holding it backwards,"* but after checking it himself, Ricardo added, *"Oh God, you're **freezing**!"* Meanwhile, the true doctor of the family watched them with a smile, which was interrupted from time to time when she had to **sneeze**.

The youngest of all of them continued innocently trying to help. David came back to the room with a couple of pills in the hand. Valeria asked him, *"Are you sure those are the ones I asked you to bring me?"* The boy thought about it for a moment and shook his head. *"The words on all the boxes were very complicated, so I brought the biggest pills we had. I suppose that these will cure you faster."* Valeria, again, thought that her **little** brother was adorable, but didn't take the pills.

"Calm down!" Valeria told her **siblings**, feeling that she had told them that a thousand times that day, *"It's just a cold. I am going to be perfectly fine. The only thing you could help me with is to let me take a nap."* Just thinking about enjoying a peaceful sleep made her smile. But, of course, as soon as she closed her eyes, David called her, *"Have you slept enough yet?"* Valeria laughed, *"No. But if you want, you can lay down here too."* Immediately her **siblings** all said, *"No, no, **calm** down, don't worry. We don't want to get **infected**; I mean, we don't want to bother you."* And in the end, they let her rest for a while. After her nap, Valeria already felt so much better, and she thanked her messy but well-intentioned **nurses**.

Spanish:

La vida de los **hermanos** Rodríguez nunca fue aburrida. A veces, tenían demasiadas aventuras. El menor de los **hermanos**, el pequeño David de 5 años, era ligeramente más curioso y atrevido que los otros niños de su edad. Lo cual significaba que siempre estaba causando algún problema, y sus rodillas estaban siempre con algún **rasguño**. Su hermano mayor, Ricardo, de 12 años, era muy parecido. Pero, siendo mayor, Ricardo causaba sus problemas en el colegio, y no era extraño verlo con un yeso en el brazo después de que alguna aventura saliera mal. Una de sus hermanas, Laura, de 19 años, trataba siempre de ser más responsable que sus **hermanos**, pero constantemente fallaba. La joven sentía pasión por la naturaleza, amaba las excursiones y acampar en las montañas. Sus **pequeños** viajes solían incluir de todo, desde preocupantes caídas, hasta **aterradores** ataques de extraños insectos, animales salvajes, y ocasionalmente plantas **venenosas**.

Finalmente, estaba la hermana mayor del grupo, Valeria. Ella tenía 26 años, y acababa de terminar la escuela de **medicina**. Valeria era una persona muy especial, y una **excepción** en su familia. Era responsable, **cuidadosa**, cariñosa, y toda su vida ayudó a sus padres a cuidar a sus **hermanos**. Todos la adoraban. Por eso, y por el hecho de que, considerando que rara vez se metía en problemas, salía herida, o se **enfermaba**, el día que Valeria se **contagió** de un fuerte **resfriado**, todos sus **hermanos** se alarmaron. Básicamente, los tres perdieron la cabeza.

"¿Te vas a morir?" preguntó Ricardo, el hermano del medio. Estando tan confundido, no sabía si hacer chistes o llorar, así que su hermana lo golpeó con una almohada.

"Yo insisto en que debemos llevarte al hospital", dijo Laura, tratando de tomar responsabilidad, ahora que la mayor del grupo estaba **enferma**. Pero Valeria tan solo se rio, *"¿No has chocado el carro de nuestros padres unas cinco veces?"* Laura frunció el ceño y cruzó sus brazos de forma **defensiva** y dijo, *"Choqué el carro sólo tres veces. Las otras dos veces me chocaron a mí."*

En ese momento, el menor de los **hermanos** llegó al cuarto con un **vaso** de agua que le ofreció a su hermana **enferma**. *"Aquí tienes, Valeria. Ahora yo seré el doctor para ti,"* sonrió el niño. Muy **agradecida** y **enternecida**, Valeria aceptó el **vaso** de agua y empezó a tomar, pero cuando sintió un sabor muy extraño y algo desagradable preguntó **asustada**, *"¿Qué es esto?"* Y David explicó muy seriamente,

*"Bueno, vi en televisión que la **sopa** de pollo es buena para la gripe. Pero no se hacer **sopa** de pollo. Así que tomé un **vaso** de agua y le puse un poco de la comida del perro, que dice que es sabor a pollo."*

Mientras Valeria trataba de **sobrevivir** a la sorpresa de esa "**sopa** de pollo" sus **hermanos** seguían haciendo un desastre de la tarea de cuidar de su hermana mayor. *"Hay que tomarle la temperatura,"* Laura declaró muy seriamente y, luego de revisar el **termómetro** dijo, *"¡Oh no, te estás **hirviendo**!"* Su hermano menor se burló de ella, *"Lo estás leyendo al revés,"* pero luego de verlo él mismo, Ricardo añadió, *"¡Oh Dios, te estás **congelando**!"* Mientras la verdadera doctora de la familia los veía con una sonrisa, que se interrumpía de vez en cuando cada vez que tenía que **estornudar**.

El menor de todos seguía inocentemente tratando de ayudar. David volvió a entrar al cuarto con un par de pastillas en la mano. Valeria le preguntó, *"¿Estás seguro de que esas son las que te pedí que me trajeras?"* El niño lo pensó un momento y negó con la cabeza. *"Las palabras en todas las cajas eran muy complicadas, así que traje las pastillas más grandes que teníamos. Supongo que estas te curan más rápido.”* Valeria, de nuevo, pensó que su hermanito era adorable, pero no tomó las pastillas.

“¡Tranquilos!” Valeria les dijo a sus **hermanos**, sentía que les había dicho eso mil veces ese día, *“Es tan sólo un **resfriado**. Voy a estar perfectamente bien. Con lo único que me podrían ayudar es con dejarme tomar una siesta.”* Tan solo pensar en disfrutar de un sueño tranquilo la hacía sonreír. Pero, por supuesto, tan pronto como cerró los ojos, David la llamó, *“¿Ya dormiste suficiente?”* Valeria se rio, *“No. Pero si quieren puedes acostarse aquí también.”* Inmediatamente sus **hermanos** todos dijeron, *“No, no, tranquila, no te preocupes. No queremos **contagiarnos**, digo, no queremos molestarte.”* Y al fin, la dejaron descansar un rato. Después de su siesta, Valeria ya se sentía mucho mejor, y le dio las gracias a sus desordenados pero bienintencionados **enfermeros**.

AUTOBIOGRAPHY - AUTOBIOGRAFÍA

Summary:

Nobody imagines how fascinating the life of a writer can be, even less so with the qualities that Veronica had. Her work covered an endless range of books from novels, to children stories, terror, drama, mysteries and even science fiction. Of course, with twenty years of experience, you can say that there comes a time when maybe the inspiration drops and that's where Debbie, her agent, intervenes. This woman, who's also a good friend suggests, according to her, the best option to keep writing, and that's to do her biography. In this case, for Veronica, as for perhaps many other writers, it didn't sound appealing. But, like Debbie explained, Veronica told stories, many of which were based on real life experiences, places she had been to, and characters that were real, which made her life the most interesting of her works. At the end of the conversation, maybe it will be the next thing she will write; Veronica, her biography.

Resumen:

Nadie imagina cuan fascinante puede ser la vida de una escritora, mucho menos con las cualidades con las que contaba Verónica. Su trabajo abarcaba un sin fin de libros desde novelas, cuentos para niños, terror, drama, misterios hasta de ciencia ficción. Claro con veinte años de experiencia se puede decir que llega un momento que baja tal vez la inspiración y es donde interviene Debbie, su agente. Esta mujer que también es una buena amiga le hace la mejor opción según ella para continuar escribiendo y es que haga su biografía. En este caso para Verónica como para tal vez muchos escritores no le resultaba llamativo. Pero como lo explicó Debbie, Verónica contaba con relatos de sus cuentos que estaban basados muchos de ellos en experiencias vividas, sitios donde había estado, y personajes que fueron reales, lo que hacía de su vida su obra más interesante. Al final de la conversación tal vez si será la próxima versión que escribirá, Verónica, su biografía.

Vocabulary:

1. Writer - Escritora
2. Publishing - Publicando
3. Novels - Novelas
4. Fiction - Ficción
5. Scared - Aterrada
6. Meeting - Reunión
7. Agent - Agente
8. Autobiography - Autobiografía
9. Dilemma - Dilema
10. Write - Escribir
11. Boring - Aburrida
12. Client - Cliente
13. Promote - Promocionar
14. Event - Acontecimiento
15. Frown - Ceño
16. Olympics - Olimpiadas
17. Lonely - Solitaria
18. Denial - Negación
19. Blushing - Sonrojando
20. Readers - Lectores
21. Compliments - Halagos
22. Tell - Contar
23. Protagonist - Protagonista
24. Shake - Sacudir
25. Suggest - Sugerir

English:

Veronica, after twenty years **publishing** successful **novels**, had no idea what to **write**. The talented **writer** had already written mystery **novels**, horror stories, and wonderful romances. She was also the creator of historic **novels**, science **fiction** stories, and even a couple of books for children. She had spent her whole life creating stories, and she thought she'd never run out of things to say. But it looked like that day had arrived. So, **scared**, Veronica organised a **meeting** with her **agent**, Debbie, who had also turned into her best friend during those twenty years of work.

*"Write your **autobiography**,"* was the first thing Debbie said as soon as she heard her friend's **dilemma**.

Veronica refused immediately, shaking her head. *"Nobody wants to read the biography of a **writer**,"* she said, *"All I do is sit at a desk and **write** for hours."*

Her **agent** thought about it for a moment and said, *"True... but, weren't you the one that travelled to explore an active volcano with the excuse of having to describe it realistically in a book?"*

"That was completely necessary," Veronica replied, *"But seriously, I am very **boring**, sometimes I don't even work on my desk. I **write** lying on my bed. Who would want to read that?"*

Debbie had a little more coffee and smiled at her **client**. *"Sure, but when you were travelling to **promote** your book... you survived a plane crash, didn't you?"*

"Well yes, I survived a little, I suppose," the **writer** remembered the incredible **event**, but a moment after, she continued protesting. *"But, my **autobiography**? My life has been so **boring**! I didn't do anything interesting until I **published** my first book; and then I was already an adult."*

Sitting on the other side of the table, her **agent frowned**. *"I am sure that you once told me that you went to the **Olympics**. Don't you have a surprising record in athletics in your country?"*

"Yes, nobody has broken my record," Veronica smiled timidly, but she still didn't give up. *"The life of a **writer** is very **lonely**, Debbie. That would make any book considerably **boring**."*

Again, her old friend **shook** her head in sign of **denial**. *"You have touched millions of lives, my friend. You have never been **lonely** at all,"* Debbie said, *"Starting with the ghosts of the house where you grew up. Passing through the circus with which you escaped one time to **write** their story. Including the great orchestra that asked you to accompany them on a tour, just so you would introduce them each night. Do I need to mention the millions of **readers** of each one of your stories?"*

At that moment, Veronica was already **blushing**. When she asked for this emergency **meeting** to talk about her next book, she wasn't expecting so many **compliments**. *"There are also all of my characters,"* she said with a smile, thinking of all her beloved creations, *"they're almost real to me, they're my friends, they've always been with me. It's fun to imagine them as part of my life."*

Satisfied with what she had achieved so far, Debbie smiled and leaned back on her chair. *"That would be a book that I would love to read,"* she said finally.

Veronica looked really surprised upon analyzing the idea. *"Everyone would think I'm crazy if I include **fictional** characters in my **autobiography!**"*

"We all already think you're somewhat crazy, Veronica," said her **agent**, and both of them laughed for a moment. *"Dare to **write** it!"* she recommended one more time. *"It's your life, nobody is going to impose rules on you about how to **write** it. And, honestly, I think that you have a lot to **tell**."*

"I'll think about it," Veronica said at the end, but her joyful smile **suggested** that she had already made her decision, *"Maybe it is time for me to be the **protagonist**."*

Spanish:

Verónica, después de veinte años **publicando** exitosas **novelas**, no tenía idea de qué **escribir**. La talentosa **escritora** ya había escrito **novelas** de misterio, historias de terror y maravillosos romances. Era también creadora de **novelas** históricas, cuentos de ciencia **ficción**, e incluso un par de libros para niños. Llevaba toda su vida creando historias, y pensaba que nunca se quedaría sin nada que decir. Pero, parecía que ese día había llegado. Así que, **aterrada**, Verónica organizó una **reunión** con su **agente**, Debbie, que también se había convertido en su mejor amiga en esos veinte años de trabajo.

*"Escribe tu **autobiografía**,"* fue lo primero que Debbie dijo tan pronto como escuchó el **dilema** de su amiga.

Verónica se negó inmediatamente, sacudiendo la cabeza. *"Nadie quiere leer la biografía de una **escritora**,"* dijo, *"Todo lo que hago es sentarme en un escritorio y **escribir** por horas."*

Su **agente** lo pensó un momento y dijo, *"Cierto... pero, ¿no fuiste tú la que viajó a explorar un volcán activo con la excusa de que tenías que describirlo de forma realista en un libro?"*

"Eso fue totalmente necesario," le respondió Verónica, *"Pero en serio, soy muy **aburrida**, a veces ni siquiera trabajo en mi escritorio. **Escribo** acostada en mi cama, ¿quién querría leer eso?"*

Debbie tomó un poco más de café y le sonrió a su **cliente**. *"Claro, pero cuando estabas viajando para **promocionar** tu libro... sobreviviste a un accidente en avión, ¿o no?"*

"Pues sí, sobreviví un poco, supongo," la **escritora** recordó el increíble **acontecimiento**, pero un momento después siguió protestando. *"Pero, ¿una **autobiografía** mía? ¡Mi vida ha sido tan **aburrida**! No hice nada interesante hasta que publiqué mi primer libro, ya siendo adulta."*

Sentada del otro lado de la mesa, su **agente** frunció el **ceño**. *"Estoy segura que una vez me contaste que fuiste a las **olimpiadas**. ¿No tienes un sorprendente récord de atletismo en tu país?"*

"Si, nadie ha roto mi récord," Verónica sonrió algo tímidamente, pero aún no se rendía. *"La vida de un escritor es muy **solitaria**, Debbie. Eso haría cualquier libro considerablemente aburrido."*

De nuevo, su vieja amiga sacudió la cabeza en señal de negación. *"Tú has tocado millones de vidas, amiga mía. Nunca has estado sola del todo,"* dijo Debbie, *"Empezando por los fantasmas de la casa en la que creciste. Pasando por el circo con el que te escapaste una vez para **escribir** su historia. Incluyendo la gran orquesta que te pidió los acompañaras en un tour solo para que los presentaras cada noche. ¿Necesitas que mencione los millones de **lectores** de cada una de tus historias?"*

En ese momento, Verónica ya se estaba **sonrojando**. Cuando pidió esta **reunión** de emergencia para hablar sobre su próximo libro, no se esperaba tantos **halagos**. *"También están todos mis personajes,"* dijo con una sonrisa, pensando en sus adoradas creaciones, *"son casi reales para mí, son mis amigos, siempre han estado conmigo. Es divertido imaginarlos como parte de mi vida."*

Satisfecha con lo que había logrado hasta ahora, Debbie sonrió y se recostó a su silla. *"Ese sería un libro que a mí me encantaría leer,"* dijo finalmente.

Verónica se vio muy sorprendida al analizar la idea. *"¡Todos pensarían que estoy loca si incluyo a personajes ficticios en mi autobiografía!"*

"Ya todos pensamos que estas algo loca, Verónica," dijo la **agente**, y ambas rieron por un momento. *"¡Atrévete a **escribirla**!"* le recomendó una vez más, *"Es tu vida, nadie te va a imponer reglas sobre cómo **escribirla**. Y, sinceramente, creo que tienes mucho que **contar**."*

"Lo pensaré," Verónica dijo al final, pero su alegre sonrisa **sugería** que ya había tomado su decisión, *"Tal vez ya es hora de que yo sea la **protagonista**."*

Esperamos que hayan disfrutado de este libro, y que sus historias les hayan ayudado a mejorar su proceso de aprendizaje del idioma inglés.

Nos gustaría invitarles, si es posible, a dejar una **reseña en Amazon** para ayudarnos a crecer e impulsar nuestro proyecto educativo.

Recuerda que el próximo libro de la serie, *Cuentos en Inglés para Intermedios*, también está disponible para su compra, para que puedas seguir aprendiendo a través de entretenidas historias, esta vez sobre pingüinos y pilotos, entre otros interesantísimos personajes y tramas.

Muchas gracias

Made in United States
Orlando, FL
30 November 2024

54704881R20065